U0139845

作者简介

张志春，教授，硕士生导师。中国民俗学会理事、陕西省非物质文化遗产保护专家委员会委员、陕西省节庆文化促进会副会长、陕西省民间艺术家协会副主席。曾任西安市楹联学会名誉会长。主编"原创文明中的陕西民间世界丛书"，有《中国服饰文化史》（四卷本）、《诗语年节》等十余种著作行世。

张志春 著

春节简史

陕西师范大学出版总社

图书代号：SK23N1864

图书在版编目（CIP）数据

春节简史 / 张志春著．—西安：陕西师范大学
出版总社有限公司，2024.1
ISBN 978-7-5695-3941-7

Ⅰ.①春…　Ⅱ.①张…　Ⅲ.①春节—风俗习惯—介绍
—中国　Ⅳ.①K892.1

中国国家版本馆CIP数据核字（2023）第189780号

春节简史
CHUNJIE JIAN SHI

张志春　著

出 版 人	刘东风
策划编辑	焦　凌
责任编辑	焦　凌
责任校对	王淑燕
装帧设计	张潇伊
出版发行	陕西师范大学出版总社
	（西安市长安南路199号　邮编710062）
网　　址	http://www.snupg.com
印　　刷	山东临沂新华印刷物流集团有限责任公司
开　　本	880mm×1230mm　1/32
印　　张	7.5
插　　页	10
字　　数	161千
版　　次	2024年1月第1版
印　　次	2024年1月第1次印刷
书　　号	ISBN 978-7-5695-3941-7
定　　价	68.00元

读者购书、书店添货或发现印刷装订问题，请与本公司营销部联系、调换。
电话：（029）85307864　85303629　传真：（029）85303879

自　序

　　原来着意从文化视角写春节旧事，继而文章增删修改被朋友们视为"春节简史"，名正言顺吗？学理通达吗？须知这并非自盘古开天地、三皇五帝到如今的从头道来，也不同于对天子文武百官及百姓的仰视特写、散点平视与长镜头俯视的等级叙述，更无对地点、人物和事件移形换步、一一罗列的地毯铺排……但在我看来，凡有所为，自有所说，自有缘由。

　　首先，年节的演进本身就是一个历史过程。

　　阐释年节之名，就是述史。这里有年节时间的挪移：肇始于夏历的岁首正月，因改朝换代屡遭"改正朔"之变，初易为商十二月，再易为周十一月，三易为秦十月……一直到西汉时期，司马迁主持《太初历》恢复夏历正月为岁首，这个年节时间的基座才稳健地延续至今。

　　再则年节之名也有历时性的演进。古称众多，有上日、元日、元旦、正旦、岁日、新元等等，总之彰显其为一年里最初最大的日子，开天辟地中刚刚升起太阳的早晨。民国初保留夏历而崇尚西历，于是传统年节的元旦之名让位于公元纪年的1月1日。如此这般，在国人看来，这么隆重辉煌的日子岂能籍籍无名？何况孔子一再谆谆教导我们"必也正名乎"呢。于是官方千挑万选，从二十四节气里斟酌出"春节"一词，倒也端庄平正，亲切随和。平民百姓更直呼以"大年"，豪爽大气，敬奉以尊。彼此一雅一俗，相对并出，至今仍鲜活地展示于年节的文字与口头叙事之中。

其次，在时间的定义上，春节具体而朦胧，自有一个绵延的时间段落。

春节的语境，有狭义与广义之分。狭义上讲，可以一天，正月初一，就是民众常说的大年初一；可以两天，除夕与初一，除夕又叫大年三十，也是过年的两个核心节点。广义上讲，则从五豆节、腊八节到正月十五元宵节，布局了春节文化空间的系列节点。大家谁不认为这些日子都自带光芒，都笼罩在辞旧迎新的洋洋喜气之中呢？它们为爆竹礼花所照耀，为锣鼓社火所渲染，为春联门神所呵护，为新衣美食所加持，为灯笼舞狮所烘托……每一个日子都是苦难人生的盛大艺术，每一个瞬间都是柔软心灵的绽放平台，都是时空原野聚焦目光的鲜叶亮朵。当然还可以向前追溯，如笔者考据的，以冬至为年节的序幕；向后延展，结束于正月十六的碰灯狂欢，还有一些地方则以二月二龙头节为春节的结束。在这里，年节时间的长与短，一与多，仿佛民间经典传说的异文本，并非简单的任性笑闹，而是一种生活多样性的智慧，是人生道路宽阔自由的宽容，有着严肃的命运气息与文化深味。

最后，从仪式上来说，春节是标准而自成谱系的过渡仪式。

这个仪式本身既是历史过程，也是一种心理历程。一般说来，通过这一过渡仪式，社会在自我复制中无须改变结构便能够给人以新的身份。在这里，虽说从文化考察上自冬至开始，但时下民众在习惯上，则以五豆节、腊八节甚至更晚一些时节，作为春节的开启仪式。其后纷至沓来的是：以翻箱倒柜、刷墙、糊窗花和贴春联为代表的净化仪式；以祖茔恭请、设案祭拜为代表的祭祀仪式；以新年新衣为代表的美饰仪式；以年夜饭、新年饺子和年糕为代表的餐饮仪式；以拜年、走亲访友为代表的交往仪式；以礼花、锣鼓、戏曲和社火为代表的狂欢仪式和以元宵祭月、灯笼夜游为代表的结束仪式……各种仪式的公众化特征，每年、每时、每刻都在提醒人们，在这里，没有旁观者，每个人都是节日的参与者，都是节日有机体的神经末梢与自然触须。天地神人同时在场，崇高温馨的神秘体验不难感知。开启仪式，每个辞旧的脚步都迈向新奇与未知。沉浸于过程，曾经左右人们的阶层、权力、年龄和财产等便瞬间解体，挣脱五指山重压的孙猴子仿佛从每个心灵深处蹦了出来，获得置身社会之外的腾云驾雾之感。可以说，年节的狂欢风貌自此而来，年节的象征色彩自此而来，年节所意识到的历史内容亦自此而来。于是乎，经过了年节洗礼的人们，步履充满弹性，像春草挂满露珠一样生机勃勃，仿佛又回到了生命原初的理想样态。如同传统所说的炼形一样，如同沉浸艺术中的狂欢一样，人们在这里发现、邂逅了更好的自己，成长中的自己。每个人不仅感觉到自己被社会凝聚整合，更感觉到被形神重塑而成为新人。

春节如此博大精深，但篇幅所限更兼笔者学识所囿，只能在书中进行意象归类、跳跃式缩编、蜻蜓点水般简写了。苏子不是曾嘲笑过"论画与形似，见与儿童邻"吗？绘画超越工笔者，有小写意还有大写意呢。于是笔者梳理春节的逻辑，试图从中提取一个可以贯穿始终的隐性规律。预设初衷，果真能达到这般境地吗？我只能说，虽不能至，然心向往之。

敬请读者朋友教我。

张志春

2023年9月12日于长安居

目　　录

第一章

冬至

仿佛是年的预演

冬至，在我们的眼中，在传统节庆的谱系里，是一个独立自足的节日。倘若细细追名究实的话，冬至与年节，似乎隐隐有一点相似相近的意味，然而又如早春草色遥看近却无的样态，似乎含蓄，确实朦胧；似乎神秘，确实奇怪，不是吗？这也是我在写春节之初，不能不提到冬至的原因。

我们知道，冬至日太阳到达黄经二百七十度，阳光直射南回归线，此时北半球白昼缩到极致，于是我们有种清晰的感觉：冬至是全年中白天最短、黑夜最长的一天。官方、民间叙事于此趋于一致：过了冬至，白昼一天天长起来，黑夜一天天短下去；寒冷渐渐消退，阳气渐渐升起。杜甫在《冬至》诗中说得好："冬至阳生春又来。"

笔者童年时，在摇篮中，在翻交交的嬉乐中，在四转一顿一倒的纺车旁，常听母亲吟诵关于冬至后白天渐渐变长的歌谣，余音是那么地悠长，似乎到现在还不时响在耳边：

过冬至，长枣刺；

过五豆，长斧头；

过腊八，长权把；

过一年，长一橡。

枣刺是细微尖锐的，斧头、权把是亲切有力的，而橡檩之类是高大粗壮的。我知道了，日子仿佛一棵树苗栉风沐雨，一天天就这么长高长大变长了，就如我家庭院门道里所常见的一个个物什那么长，那么熟悉而亲切，把我们的眼界不断拓展到一个更为博大的空间。抽象的一天如何变长仿佛从眼前物什的比拟中可以感知把握了。年节仿佛久别的亲人从远处走来，在盼望中走近，而白日的长度则如一个鲜活的生命，如春野萌芽，如枝头蓓蕾，如山间竹笋，不断地增高长大，让人欣喜。冬至则是这一切的开端，让人惊喜。

"冬至大如年。"这是古来一直说得很响亮的俗语。四时八节中，屈指细数，谁敢与年相提并论呢？而能够与年比肩而立的节日，应是底气怎样充足的一个节日呢？

就说饺子吧，它的地位自属美食之列。平常满足口腹之欲且不去说它，过大年吃饺子却是固定的仪式，它也成为待客接福的礼仪食品。它的餐饮程序轻慢不得、挪移不得。令人惊奇的是，在这一点上敢于和年节较真的仍是冬至。冬至吃饺子，竟也成为标配，竟也成为一个覆盖面相当广阔的话题和饮食行为。每逢冬至，饺子便出现在乡村家家户户的厨房里，在城镇装修亮丽的饭店餐桌上，在机关和学校食堂的菜单上，在各种主流媒体的节庆话语中，甚至在常见常新的手机短信中。饺子似乎慢慢要成为冬至专宠的意象了。徐士铉《吴中竹枝词》说：

> 相传冬至大如年，贺节纷纷衣帽鲜。
>
> 毕竟勾吴风俗美，家家幼小拜尊前。

勾吴即吴国。据史书记载，周太王生有长子太伯、次子虞仲和少子姬历。姬历的儿子昌聪明早慧，深受周太王宠爱。周太王想传位于昌，但根据当时传统应传位于长子，手心手背都是肉，周太王因此郁郁寡欢。太伯明白父亲的意思后，就和二弟虞仲一起逃往荒凉的江南，自创基业，建立了勾吴古国。商朝灭亡后，周朝建立，周武王姬昌封太伯第三世孙周章为侯，改国号为"吴"。

该诗直接道出冬至如年的风俗，又是衣帽焕然一新啊，又是晚辈敬拜尊长啊，这岂不是年的庆典模式吗？诗歌说得从容，冬至如年似乎是事出有因且查无实据的"相传"，如同苏轼咏黄冈赤壁也未去考证一番，只一句"人道是，三国周郎赤壁"今古融成一体地抒情写意。"十口相传为古"，在民间口头传承的历史中，冬至节庆规模之大、地位之高、享祀之隆重俨然如同辞旧迎新的年节。而随着春秋轮替日月朗照，这一习俗渐渐消隐了，只留给我们一些远古的蛛丝马迹期待联想，而冬至本身则以遥遥的距离、特殊的身份展示对年节的预演。

果然，阅读资料时，笔者发现古人提起，冬至来头甚大，或称为"亚岁"，仅次年节的亚岁。如七步成诗、才高八斗的曹子建《冬至献袜颂表》所颂祝的：

伏见旧仪，国家冬至……亚岁迎福，履长纳庆。

再如胡朴安《中华全国风俗志·浙江临安县》：

冬至俗名亚岁，人家互相庆贺，一似新年。

上述说的仅次于年节，或与之相像而已，也许似有比附之嫌，似有以年的风采与尊严来衬托冬至的威仪之嫌，而下面则有百尺竿头更进一步、将冬至说得与年节相同的。如胡朴安《中国风俗·江苏·仪征岁时记》：

十一月冬至节，丛火，祀家庙、福祠、灶陉，拜父

母尊长，设家宴，亲戚相庆贺，与元旦一例。

再如乔继堂《中国岁时礼俗》记嘉定县（今嘉定区）风俗：

冬至，邑人最重。前一日名"节夜"，亦谓之"除

夜"……明日官府民间互相驰贺，略如元旦之仪。

《深泽县志》也记载着"冬至，祀先，拜尊长，如元旦仪"。《中国风俗·吴中岁时杂记》描述江苏"冬至大如年"这一风俗时更为具体生动：

郡人最重冬至节。先日，亲朋各以食物相馈遗，提

筐担盒，充斥道路，俗呼冬至盘。节前一夕，俗呼冬至

夜。是夜，人家更迭燕饮，谓之节酒。女嫁而归宁在室者，至是必归婿家。家无大小，必市食物以享先，间有悬挂祖先遗容者。诸凡仪文，加于常节，故有"冬至大如年"之谣。

甚至冬至夜也有"除夕"之称谓。袁枚这位清代生龙活虎的浪漫诗人，白纸黑字认真地考证一番后，在《随园随笔·天时地志》中郑重其事地下了断语：

《太平广记·卢顼传》"是日冬至除夜，卢家备馔盛之具"是冬至夜亦名除夕也。

掷地有声的话语也无妨多说几遍。就是在当今，类似的说法也不断延续。据《滦州志》记载：

冬至日，作馄饨为食，取天开于子（按干支计算，农历十一月属子），混沌初分，人食之可益聪明。

这就将冬至食饺子的内涵意蕴与年节完全一致起来。

在这些星星点点的历史文献中，在前人一再描述的文化惊奇中，我们似乎有着远远眺望的轮廓感，对冬至的形象突然有所悟而产生新的构型。因为这些话语的字里行间弥漫开来的，就是在历史的烟尘所遮掩的往昔中，冬至或多或少曾有年节的意味。或者在我们今天未曾开掘的某时段的文化层中，冬至曾焕发过与年节一样的辉煌。

果然，在历史的记忆中笔者找到了一丝线索。远古时，冬至被认为是一年之中颇为特殊的日子。《周礼》中有"祀昊天上帝于园丘"之说，注谓"冬至日祀五方帝及日月星辰于郊坛"；《淮南子》有"冬至日，天子率三公九卿迎岁"。以九五天子之至尊，天子公卿车骑森严，冠冕堂皇，旗帜飘拂，黄钟大吕，来到郊坛敬五方大帝，拜天拜地迎新岁，这不是给我们以相当广阔的想象空间吗？如此这般的朝贺享祀规模与级别，无疑引导着我们的思绪朝着一个固定的方向延伸开去。说到这里，联想到周代以夏历十一月为正月，那么新年会有可能叠加在冬至上吗？而《诗经·豳风·七月》所描绘的周人在田禾丰熟之后庆祝狂欢的场面"九月肃霜，十月涤场。朋酒斯飨，曰杀羔羊。跻彼公堂，称彼兕觥：万寿无疆"，令我们感受到了过年的狂欢热闹与新年祝福的味道。

　　清蔡云诗歌《吴歈》直述冬至中沿袭了周代的年节：

　　　　有几人家挂喜神，匆匆拜节趁清晨。

　　　　冬肥年瘦生分别，尚袭姬家建子春。

　　"吴歈"一词最早见于《楚辞·招魂》："吴歈蔡讴，奏大吕些"。王逸注："吴、蔡，国名也；歈、讴，皆歌也。"民俗学家刘其印在《被遗忘的周历"年"——冬至节探源》一文中分析此诗时认为，"建子春"是说古代是用十天干和十二地支相配纪年、纪月、纪时，如甲子、乙丑等，岁首设在子月，称作"建子"。岁首又是春季的第一个月，所以叫作"建子春"，就是夏历的十一月。现在岁首是在正月，正月属寅月，所以叫"建寅"。周朝天子姓姬，"姬家"借指周朝。周朝岁首在"建子"，即冬至所在的十一月。后来改岁首于"建寅"，人们仍在"冬至拜贺，如元旦仪"，实际上冬至曾是年，相对于汉以后的"建寅年"，过冬至就是在过旧年。从历法上说，向前一点，商以夏历的十二月为岁首；向后一点，秦以夏历的十月为岁首，汉初依然，那么，冬至是否就裹挟在周历的那个岁首之中，而曾经享受到辞旧迎新的殊荣呢？倘若向前追溯，更有惊喜出现。据《史记·封禅书》载："黄帝得宝鼎神策，是岁己酉，朔旦冬至，得天之纪，终而复始。"这就是说，黄帝时的己酉年元旦正是冬至，是"得天之纪"，就以冬至为元旦，"终而复始"了。冬至为岁首，不只是"尚袭姬家建子春"，冬至作为年从黄帝时就已开始了。

也许这些论述的证实还需要更多文献与远古遗存下来的实物及图文资料，但这些已使我们心绪浩茫连广宇。人们的目光还可向历史纵深处无限放量：或者在夏代之前悠远之时，在那新石器时代，在那地老天荒的岁月，在那文字无法记录、想象无法追踪的鸿蒙时刻，我们的先民对冬至可能有特殊的理解和认知呢！

虽说到了魏晋时代，冬至地位开始稍稍亚于元日，但历史是有惯性的。冬至日如此醒目的位置在相当长的时间段里仍得到全民性的记忆。读南宋周密《武林旧事》：

> 冬至朝廷大朝会庆贺排当，并如元正仪。

可知到了宋代，冬至仍被视同年节一般。而陆游《老学庵笔记》说：

> 予读《太平广记》三百四十卷有《卢顼传》云：
> "是夕，冬至除夜。"乃知唐人冬至前一日，亦谓之
> 除夜。

其实向上追溯，西汉刘安的《淮南子》所列二十四节气，和我们今日所知的从立春起始的顺序迥然有别。而是以冬至领起，依次是小寒、大寒、立春、雨水、惊蛰（又名启蛰）、春分、清明、谷雨、立夏、小满、芒种、夏至、小暑、大暑、立秋、处暑、白露、秋分、寒露、霜降，再以小雪和大雪殿后，建构了一个全新的时间谱系。这说明在传统阳历格局的二十四节气中，周代年节的印痕如此清晰而鲜亮。

唐人也将这一关系梳理得清清楚楚，说得明明白白。元稹《咏廿四气诗·冬至十一月中》：

> 二气俱生处，周家正立年。
> 岁星瞻北极，舜日照南天。

拜庆朝金殿，欢娱列绮筵。

万邦歌有道，谁敢动征边。

"周家正立年"，这才是冬至带着金钥匙问世的根基，这才是冬至自带光芒的神秘根源。一条线索穿透时空，如同孔子魂牵梦绕周公一样，唐宋人们内心深处仍然抹不去有周一代的荣耀与印痕，仍那么一往情深地视冬至如元旦，视冬至前夜如除夕。虽然冬至节庆的细部复原还留待以后，虽然这远距离的眺望还有迷雾弥漫、云彩阻隔，但雾中花卉云中山，即便面目不甚清晰，那扑朔迷离的感觉本身就有着别样的意趣和魅力。

无论是曾有过的元日隆重庆典，还是如后来或隐或显地享有春节的规格氛围，总之，冬至与春节确乎有着密切的内在联系。譬如沿袭至今的九九消寒仪式便始自冬至日。人们或绘或剪峭枝梅朵，逐日染以红艳，九九八十一朵全然绽放之际，便是春暖花开之时。历代有诗有画有仪式，而今仍在各地活态遗存。标准模式是画一枝素梅，枝上九朵梅，每朵九瓣，代表数九天的八十一天。逐日染瓣，九朵染竣，便出一九，九尽春深，心往神追，甚至花朵变异由梅而杏或其他也在所不惜，要的就是盼望春天的来临。文化传承顽韧的生命力由此可见。

千万年的日月轮替春秋推衍，悠悠往事欲说当年好困惑，谁能厘清远古记忆中的冬至节庆流变史呢？但值得注意的是，在我们先民的生活中，冬至曾在相当长时间里成为最重要的年节活动，虽说后来渐渐边缘化了，但往昔曾有过的印痕不断地投影于未来，以致今天的我们仍会陆陆续续地接收到"冬至大如年"的种种信息。是民俗生活顽韧的传承能力，还是地老天荒时代的文化信息早已积淀于不能觉察的心灵深处，成为我们民族的集体无意识了呢？

神秘的冬至，有意味的冬至，在今天，仍是一个独立的节日，在随处可闻的话语中，在民俗的节庆活动中以其特殊的身份和地位与春节遥相呼应。如果有人说新年从冬至开始，我想那并非勉强的说辞，而可能是确有实据且底气十足的追溯与回忆。当然了，我们知道，它的原生态状貌的想象构型描绘需要文献的挖掘和深层的解读，还需要大量的人文工作者辛苦的田野作业和文物考古提供多重证据才行，而这一切都需要相当长的时日。

历史终归是历史。现实中的冬至如何定位呢？不错，冬至是冬至，春节是春节，二者彼此独立，但冬至终究与春节有着千丝万缕剪不断理还乱的内在联系。让我们保持现状，也保持历史的朦胧感和神秘感，而不必去追究冬至到底是一张传播复杂历史信息的海报呢，还是曾经年节活动的一个简化版，甚至是年节在望的一个隆重的启动仪式。但就现在的格局，我想似乎可以说，冬至，如同夜半时分那通知黎明的一声鸡鸣。

第二章

腊八 神圣的开启

民谣往往储存着丰厚而悠远的历史文化信息。旧俗以十二月初八日为"腊日"，亦称"腊八"。进入腊月，似乎看得见年的步伐轻悄地挪动。民谣曰："腊八，腊八，小孩要炮，姑娘要花。"即是说在一般人看来，腊八节的到来，标志着中国传统春节的序幕正式拉开。虽然说我们从文献考古、田野作业可以认定冬至是春节的启动仪式，但在现实的氛围中，更多的人仍然觉得春节的系统仪式从此才真正启动。从这天起，人们就开始忙年，置办年货，迎接一年一度的新春佳节。而这个开始，是有着神圣意味的。

中外传统交汇的宁馨儿

倘要追本溯源，腊八节首先源于原始社会的腊祭，据说从神农时代就开始了。那可是文献没有描述、想象难以追踪的岁月。等我们看到文献，则已是理性时代以后的规矩与方圆了。东汉蔡邕《独断》所谓：

> 腊者，岁终大祭，纵吏民宴饮。

又东汉应劭《风俗通》：

《礼传》曰："夏曰嘉平，殷曰清祀，周曰大蜡，汉改曰腊。"腊者，猎也，因猎取兽祭先祖也。或曰腊接也，新故交接，狝猎大祭以报功也。

上海博物馆藏有西周穆王时期的一件青铜鼎，鼎的主人名叫辛。鼎腹铭文四行二十五字。字虽不多，内容却关乎一种古老的祭祀——腊祭。铭文中"置用钕"三字为全文内容的核心，而"置"字之考释又尤为关键。当代学者冯时经考释读"置"为"腊"。鼎铭记述器主辛有尊贤正位之举，又有参与腊祭钕礼之誉。

可见从先秦起，腊八节都是用来祭祀祖先和神灵，祈求丰收和吉祥的。腊八节除祭祖敬神的活动外，人们还要逐疫。这项活动来源于古代的傩（古代驱鬼避疫的仪式）。远古的傩戏，在全国各地有着不同程度的遗存，而作为巫术活动的腊月击鼓驱疫之俗，在今湖南新化、陕西汉中、贵州德江、安徽池州等地仍有留存。十多年前，笔者曾在贵州安顺、陕西宁强等地观看过傩戏神秘而狞厉的表演。北齐魏收的《腊节》诗曰：

凝寒迫清祀，有酒宴嘉平。

宿心何所道，藉此慰中情。

魏收的这首诗看似清浅，其中依然坚守着传统的文化记忆，颂祝的仍是夏代命名的嘉平腊祭。但汉之前的腊祭日期并不固定，有时十二月初，有时十二月底，直到司马迁等人制订太初历，才把腊祭固定在冬至后的第三个戊日。第一年的第三个戊日正好是腊月初八，遂称为"腊八节"。另一说是，腊祭的神祇有八位，即先啬神神农氏，因其创意农耕发明医药；司啬神后稷，因其教民种植五谷农作物；农神古代田官，因其管理田土；邮表畦神，因其始创田间庐舍，开道路，划疆界；猫虎神，因其吃野鼠野兽保护禾苗；坊神即堤防神，因其守护千里，防止江河洪水泛滥；水庸神即水沟神，因其灌溉农田助益丰收；昆虫神，因其免除田野的虫害。八神亲切勤奋，呵护民众，排列成行而自成谱系。细细想来，这仍是民众从自身生活生产出发，塑造出的全能的超自然意象，祈愿他们能真切地帮助自己栖居在现实的大地上，享有诗与远方的氛围。

晋人裴秀《大腊》以正面的宏大叙事模式，将腊祭写得庄严肃穆，光彩夺目：

> 日躔星纪，大吕司晨。
>
> 玄象改次，庶众更新。
>
> 岁事告成，八腊报勤。
>
> 告成伊何，年丰物阜。
>
> 丰禋孝祀，介兹万祜。
>
> 报勤伊何，农功是归。

穆穆我后，务兹蒸黎。

宣力蓄亩，沾体暴肌。

饮飨清祀，四方来绥。

充仞郊甸，鳞集京师。

交错贸迁，纷葩相追。

掺袂成幕，连衽成帷。

有肉如丘，有酒如泉。

有肴如林，有货如山。

率土同欢，和气来臻。

祥风协顺，降祉自天。

方隅清谧，嘉祚日廷。

与民优游，享寿万年。

　　在这里，我们看到的仍是古代腊祭庄严的盛大场面：日月星辰轮回如灯盏点缀着天地空间。黄钟大吕的乐音滋润着初醒的清晨。果腹酒肉不只呈现着色香味与文化意象，更作为主体之一承载着重要的祭祀仪式。祭祀百神，向百神报告"年丰物阜"的好年景，感谢百神保佑万事成功的庄严场景。仪式使感受得以提升，仪式使思想抽象为感性的显现，成为可操作可传承沿袭的言行模式。作为一种大型的民众祭祀仪式，其中包蕴着大量的艺术元素与娱乐性。

《礼记·杂记下》记载，子贡观看腊祭。（腊祭早在先秦便成规模，人们于年底打猎，用以祭祀祖先和八方神等，以求吉祥平安、福泽临门。不难想象这样的场面，锣鼓喧天，歌舞飞扬。）孔子便问："你感到快乐吗？"子贡比较理性严谨，一脸不屑地说："举国之人都痴迷疯狂了一般，狂蹦大吼，我不知道这到底有什么可欢乐的？"

孔子却不这样看。他说民众终岁劳苦而能得此腊祭欢饮，那是得国君一日的恩泽啊，这里的意味不是你所能知道的。只知紧张工作而不知放松，文王武王也不能做到；一味放松而不紧张，文王武王也不愿那样做。文武之道，就是一张一弛啊。

真的，孔子所说甚是。倘若生命之弦一味紧绷拉伸，岂有不断裂的道理？若生命之弦全然松弛，岂不是稀泥糊不上墙，那还有什么乐音可赏呢？一左一右双脚交替而行方能接近远方，强健的心律一强一弱相间跃动才会生机勃勃，这才是生命健康而活泼的节奏，这才是情绪自在而舒展的旋律。生活的节奏感在这里突出而强化，人神借此而沟通而互惠而和谐，平凡的人生赖此而神圣而崇高而审美。

腊八节也是道教的节日。道教经典《云笈七签》中说，腊月初八是王侯腊，是祭祀的日子，可以谢罪，求延年益寿，安定百神，祭祀先亡，可以令人所求从愿，求道必获。从宗教学角度看，道教腊八节的主题是祭祀，是庄重严肃的时刻。腊八节这天，诸多道观便施赠腊八粥。

佛成道节也是腊八节重要的源脉之一。在中国，腊八节也是佛教徒的节日，称为"佛成道节"。据《因果经》记载，在古印度的北部，迦毗罗卫国的饭净王有个王子叫乔达摩·悉达多。他年轻时痛感人生为生老病死所困而无法解脱，以为人们终生劳顿奔波仍是茫然，遂舍弃名位豪华，走向静寂走向遥远以寻求觉悟与解脱。

乔达摩·悉达多开始练习瑜伽，欲借塑形以塑神。他每日仅食一麻一米，欲借饿其体肤而增益神智。如此这般苦苦修行五年，近乎两千个日夜过去了，仍没有一线光明闪现眼前。他仍然在黑暗的隧道里蜗行摸索。

第六年，即公元前525年的一天，瘦骨嶙峋的乔达摩·悉达多从迦都山下来，步入摩揭陀国。在比哈尔邦的尼连禅河畔，形容枯槁的他因劳累饥饿而昏晕倒地。此时的一切，恰入一位出村的牧羊姑娘苏耶姐（意为善生）之眼。

救人要紧！牧女迅速将随身所带乳糜状粥饭，缓缓喂给这位昏迷者。粥饭，温热清香，滑爽宜人，使得这位求道者逐渐恢复体能清醒过来。他在尼连禅河中洗了个澡，便在佛陀伽耶的一株菩提树下，静坐苦思人生苦谛和解脱之道，终于在这一天觉悟而成佛，史传此日正是中国农历的十二月初八。由于乔达摩·悉达多是释迦族人，人们便尊称他为"释迦牟尼"，意即释迦族的圣人。

于是，一粥之助所带来的辉煌与神圣，引发了普遍的信仰和追忆。普天下的佛教徒感念释迦牟尼担当人类苦难而六年修炼的历程，并纪念牧羊女施粥的恩德，便在佛陀成道日这一天，即腊月初八，仿效牧羊女做杂食粥而食。佛教兴盛以后，这个日子就成为斋僧、佛成道日以及为救济贫穷而施舍饮食的日子。随着佛教融入中华大地并不断渗透到民俗层面，腊八节也就自然而然地与之融合了。在腊祭的原生意蕴之中，也就增益了异域传播而来的吉祥崇高的新内涵。

于是，一年年一代代春种秋收，到了闲冬腊月，人们就要隆重祭祀天地诸神，也祭祀佛祖。虔诚痴烈，一片真心可对天。祭天如天在，祭神如神在。香火点起来，蜡烛亮起来，歌曲吼起来，舞蹈蹦起来，千面锣鼓，万众喧腾，祭祀所在的广场上屋宇间弥漫的缕缕青烟轻轻袅袅而上，渐散渐淡而隐于无形，仿佛那渗透灵魂的意念沿此通道转达到超自然的某个平台上去了。

一碗腊八粥滋味深长

今天，腊八节得以传承的标志不是祭祀仪式，而是仪式化的节日饮食——腊八粥。

清夏仁虎《腊八》诗曰：

腊八家家煮粥多，大臣特派到雍和。

圣慈亦是当今佛，进奉熬成第二锅。

诗中描写，腊八一到，举国上下家家户户都要煮腊八粥吃。其实，年年如此，这只是固有习俗的传承而已。北宋时，京都过腊八节，宫廷、官府、寺院都要准备大量的腊八粥，用来祭佛和施舍贫民。元代，帝王更以赐腊八粥来笼络众臣。人生没有单行道，食粥从形而上的崇高仪式转而兼备世俗理性的算计与谋略，确也是难得的智慧。但这似乎不是元人的创举，而是前人逐步摸索出来的手段。据元人孙国敕《燕都游览志》所说："十二月八日，赐百官粥，经米果杂成之。品多者为胜，此盖循宋时故事。"民以食为天，前人既能借腊八粥神圣的意味来赏赐百官以示恩宠，顺水人情的事情，本朝何乐而不为？传至清代，煮腊八粥便愈来愈庄严隆重了，诗句"大臣特派到雍和"就是印证。一顿粥饭，看似锅头小事却升格到国家大事的层面上来，劳皇帝大驾亲自安排，特派大臣到固定的地点负责，这一餐的滋味就值得咀嚼了。说起此事来头大，自是腊八粥因节庆食品因佛教氛围而身价倍增，成为文化意象。传达熬粥的指令，也意味着传播当世执国柄者弘扬其降福人间的恩典这样一个信息。

据载，雍正三年（1725年），雍正命人在北京雍和宫和紫禁城万福阁等处设大锅煮腊八粥，并请喇嘛诵经，然后把粥分送王公大臣食用。那时雍和宫的腊八粥盛典，是极为隆重的，要分为熬粥、供粥、献粥和舍粥四大幕。宫内有一古铜大锅，专熬腊八粥。那大锅径六尺深四尺五，颇多涵容，确乎气象不凡。腊月初一起，皇宫总管要派员运干柴、粥料到雍和宫。粥料有上等奶油、羊肉丁、五谷杂粮和各色干果等，初五晚准备就绪。初六皇帝特派大臣会同内务府总管大臣，率领三品以上官员及民夫到庙里监督称粮运柴。初七清晨，皇帝特派的监粥大臣下令生火，并一直监督到初八凌晨，粥全部熬好为止。这时，皇帝又特派供粥大臣率领官员开始在佛前供粥。此时，宫灯庄严，香火氤氲，锣鼓喧腾，管乐齐鸣。众喇嘛进殿诵经，随后把粥献给宫廷，同时装罐密封，快马加鞭送往承德行宫和全国各地。据说每锅用小米十二石，杂粮干果各五十斤，干柴五千斤。共熬六锅：第一锅供佛，第二锅献给皇帝及宫内贵人，第三锅给王公大臣和大喇嘛，第四锅给文武百官和封疆大吏，第五锅分给雍和宫的众喇嘛，第六锅作为施舍。

转回《腊八》这首诗，奉旨监粥供粥的大臣自是世事洞明、人情练达，想这六锅粥的食客也是分三六九等的。第一锅佛祖超凡脱俗不食人间烟火。第三、四、五、六锅大可平视俯瞰，唯第二锅食者是天子及其宫内左右，食者地位的至高无上，愈显这一锅粥的意味深长，愈显出奉旨熬粥者受宠若惊、欣喜自得的心态。抒情主人公由奉旨熬粥献粥的得意与傲慢一转，进而诚惶诚恐地奉承道：无上的圣慈，那皇帝皇后就是当今佛爷啊。此作从文学层面看，是一首专制统治下断了脊梁骨的奴才诗，但从资料层面看，却可传递腊八粥的一些历史信息，又不能不重视它。历史无古今，文化无糟粕，即是在这个层面上说的。

由寺院馈赠，古来民众亦演为互赠腊八粥的良俗。陆游诗《十二月八日步至西村》就写到了乡村的这一温馨事象：

> 腊月风和意已春，时因散策过吾邻。
>
> 草烟漠漠柴门里，牛迹重重野水滨。
>
> 多病所须唯药物，差科未动是闲人。
>
> 今朝佛粥交相馈，更觉江村节物新。

与趣味索然的官方叙事迥然的社会精英叙事便显得气象全新。田园风光与村舍农夫的介入更添人文景致。佛粥施舍在此际转换成僧俗或民众之间的饮食相赠，这一氛围笼罩下的人际关系如此美好。热情捧持，微笑馈赠，宛如亲人般的情谊随着腊八粥香飘逸开去。诗人偶过邻舍也入乡随俗，融入佛粥互赠的氛围。佛粥本身所负载的崇高与神圣的祥瑞意味自在其中。在此氛围下，谁的心境不是一片澄明？拱手祝福，含笑致谢，是佛粥弥漫

戊申腊月写于石湖
李士达

东郊务农桑山
宗场水村来相
庆无妨物事皆
诸神五代遗风
主人时沽春酒侍
民不知君孝俗
何宋澄的帆楫
戊中腊月中写
尚息

《岁朝村庆图》，明代李士达所绘，详细描绘了吴中地区热闹的新春景象。

的滋味使之然，还是人的善良本性使之然？诗人本来弃置赋闲，多病烦闷，对一切索然无味，而此时此刻仿佛内存更新，换了个人似的，心态、目光全然不同以往。只见远远近近碧草绿似大写意，炊烟若淡墨绕过村庄向天边晕染开去，牛羊星星点点或散漫于草野，或仰头于淖池。这是自然与人生交融成画，"此中有真意，欲辩已忘言"。此时此刻，此情此景，诗人感到一种难以言说的渗透灵魂的温馨与亲热。周围的物象，仿佛第一次见到，都变得新鲜有趣，空气也显得清新宜人，生活因之也有滋有味起来。

腊八粥清淡雅素，余味悠长。在腊八粥追本溯源的话题中，演绎出万花筒般的人生世相来。

第一是腊祭传承说。

先秦时代，我们祖先有颇多粒食的传统，腊祭献礼时煮粥欢食当是可能的。或许腊祭之后，参与者将多种献祭食品汇拢而食形成了腊八粥，从而分享祭祀神圣的力量。但文献上却无具体的记录。不难想象，传统的腊祭活动饮食当以荤素并置，而何以演化为后世清素的腊八粥呢？或许一碗清粥本身就是腊祭献礼的核心内容，作为食物更易传承下来。或者从大的层面说，这应是中华文化开放性的结构所形成的强大兼容力的表现吧。虽说只是一碗粥，但谁又能说清其中厚重的历史与文化滋味呢？

第二是追念佛祖说。

这是前述佛祖成道故事的自然引申，只不过聚焦点由亲切的牧女转换为崇高的佛祖。清代顾禄《清嘉录》中引用了李福的《腊八粥》一诗（节选）：

> 腊月八日粥，传自梵王国。
>
> 七宝美调和，五味香掺入。
>
> 用以供伊蒲，藉之作功德。
>
> 僧尼多好事，踵事增华饰。

诗歌认为腊八粥随佛教进入而来，自有非凡的功能，自有神圣的滋味。腊八粥又名"七宝粥""五味粥"，亦名"佛粥"。七宝圣美调和其中，五味馨香得以渗透且笼罩。既是悟道成佛的节日，又有惠及众生的糯软香粥，施舍乳糜之粥也就成为佛教徒修炼的功课，成为普度众生的德行。年年如此，推衍开去，自会由僧尼而善男信女进而弥漫到全社会。踵事增华，意即继承前人的事业，并使之发扬光大。据说有的寺院于腊月初八以前由僧人手持钵盂，沿街化缘，将收集来的米、栗、枣等材料煮成腊八粥施舍于人，传说食后得佛祖的保佑，故称"佛粥"。

第三是牧女乳糜救佛祖说。

如前所述，这是流传最广泛、影响最大也最被认可的一种说法。佛教自东汉传入我国后，每到此日，各寺院都要诵经并煮粥献佛。一碗腊八粥，在远古传说的神圣与朦胧中，融入了明晰的故事背景，有着具体的崇拜偶像，并因助佑佛祖成道而积淀了神圣的意蕴，便成为一种符号。食粥，也成为一种庄严的仪式。佛门弟子将粥视为良药，寺庙每年在腊八这天作浴佛会，诵经，用香谷、果实等煮粥供佛，称"腊八粥"，并将腊八粥赠送给门徒及善男信女们，以后民间相沿成俗。

第四是赤豆禳鬼说。

南朝梁代宗懔《荆楚岁时记》：

> 共工氏有不才子七人，以冬至日死，为人厉，畏赤豆，故作赤豆粥以禳之。

意即那位与帝争天下的共工氏，失败后怒而触不周山，弄得宇宙崩溃、天柱折地维绝、天倾西北水流东南不说，还留下了七个不成器的孩子。他们虽凶恶，给人降灾添病，但却害怕赤豆。人们知道了这些不成器者的软肋，遂煮食赤豆粥驱除之以求平安吉祥，而后世遂由赤豆粥演变为腊八粥。这里有远古腊祭逐傩的印痕，有粥饭的雏形，也有避邪纳吉的意蕴，可以为腊八粥之源，但却不是它的典型形态。历史是由合力形成的，某一个节日，某一种民俗世相往往是历时性堆垛而成的。腊八粥自然源自多重文化汇聚，是种种因素凝聚的美味意象。

第五是五豆融入说。

五豆节原在腊月初五，是纪念周始祖后稷的仪式。五豆节是很隆重的节日，特别是在后稷教民稼穑的关中故地。笔者家居泾渭之间的关中农村，与后稷当年播植五谷的周原距离百余里而遥遥在望。记得幼年时，每逢腊月初五，清晨便是一碗五豆粥，母亲说是吃五豆呀。五豆粥即用黄豆、豇豆、绿豆、扁豆、红小豆与小米或玉米糁儿熬成的粥饭。母亲时不时即兴吟诵五豆歌谣，至今我仍清晰地记得。

后读山西《乡宁县志》乾隆四十九年刻本相关资料，大喜过望，有着相逢何必曾相识之感。世人不曾言说而自己经历的节俗，在县志文字的叙述中得以印证。其中说，十二月"初五日，晨起煮五种豆食之。掷少许于路，禳小儿痘稀"。直到现在有些地方过腊八煮粥，不称"腊八粥"，而叫"煮五豆"，有的腊八当天煮，还要用面捏些"雀儿头"和米、豆（五种豆子）同煮。现在过五豆节的人很少了，虽然这一历史的记忆在北方不少地方仍有遗存。而五豆进入腊八节，正是节日融入与叠加的一种体现。

第六是追忆修筑长城亡灵说。

据民间传说，秦始皇修建长城，服劳役的民工奉命而来，积年不归。超负荷的体力透支，粗劣惨淡的饮食，致使不少人饿死于未修竣的城垛之下。有一年腊月初八，无粮吃者合伙积攒了几把五谷杂粮，放在锅里熬成稀粥，每人一碗，仍难免倒卧冻馁而死。为了追忆筑城的亡灵，人们每年腊月初八吃腊八粥。

第七是纪念岳飞说。

据传腊八节是出于人们对忠臣岳飞的怀念，腊八粥也因此而来。当年，岳飞率部抗金，正值数九严冬，雪花飘飘北风寒，岳家军衣食不济，挨饿受冻，众百姓络绎不绝送来热腾腾的粥。岳家军品尝着这一顿"千家粥"的深厚滋味，想到五谷熬粥粒粒辛苦，想到养兵千日不正是为保卫咱父老乡亲的正常生活？激情顿生，一鼓作气，大胜而归。这天正是腊月初八。时过境迁，民众为了纪念岳飞，每到腊月初八，便以杂粮豆果煮粥，终于成俗。

第八是朱元璋受难说。

据说当年朱元璋落难在监牢里受苦时，正值寒天，又冷又饿的朱元璋竟然从监牢的老鼠洞里刨找出一些红豆、大米等。朱元璋便把这些东西熬成粥，美餐了一顿。那滋味可比孔夫子闻韶乐。因那天正是腊月初八，朱元璋便将这锅杂粮粥美其名曰"腊八粥"。后来朱元璋平定天下，坐北朝南当了皇帝，为了纪念在监牢中那个特殊的日子，每逢这一天便熬粥忆旧，以至天下人纷纷食粥，这一天也成为美味的节庆。

第九是接济训诫说。

相传有老两口吃苦耐劳，持家节俭，攒下一笔家业，可宝贝儿子却不争气，媳妇也不贤惠，很快败了家业。到了腊月初八这一天，小两口冻饿交加难以为继，幸有邻居街坊相助，你一碗我一升他一把，凑成千家粮，煮一锅大米、面块、豆子、蔬菜等混在一起的杂合粥，意思是"吃顿杂合粥，教训记心头"。此粥复杂的滋味让小两口戒恶习，步正道，日出而作，日落而息，凿井而饮，力田而食，日子一天天有了起色，他们也由败家子转而成为浪子回头金不换的典型。追溯其源，那命运的转机与拐点，正是这充满怜惜与期待的杂合粥。民间逐渐流行腊八粥，就是人们为了以此训诫后人而相沿成俗的。

上述传说种种，有的见诸文献，有的口传于村头巷尾，或覆盖博大几乎成为共识，或如同方言仅流行于某一角落，不一而足。从叙事立场与趣味看，却也涵盖着官方、社会精英与民间口传的不同向度的叙事特色。虽然这些传说有原生意蕴与次生意蕴之别，更有的甚至是在腊八节完整成形后才陆续附加，但它们或助益佛祖超凡入圣，或护佑正义之师赢得胜利，或挽救英雄于落难之际，或出以不忍之心纪念苦难亡灵，或出以道德训诫而启示天下……也许它们有历史记忆与传承的责任而不断强化其中的厚重意味，使得后来者深知盘中餐粒粒皆饱含圣洁的深情；也许它们是上靠下连，在既有的崇高的文化框架中置入自己的生活感受与憧憬，使得敬而远之的圣餐带有自身创造与体验的亲切氛围。总之，它们都有着庄严的人生期待，赋予了这一日这一餐以特别的意味。在民俗层面，千百年来的节日实践和民众生活的不断撞击，使得这一节日的次生意蕴源源而来。

其实，生活的价值在于创造，生活的意义也在不断挖掘翻新之中。只要它们不背离这一节日原生意蕴的大致方位，都是可以肯定与成立的。自然的规律是不弃涓流汇大海，不弃草木成森林，不弃埃土积高山，而人生的规律何尝不是如此呢？腊八粥的味道，自会因这种种传说汇聚积淀其中而呵护灵魂，滋养身心，清香在口，余味悠长。

过了腊八就是年

腊八粥意蕴不凡，所以做来每每像年饭一样郑重其事。古时因出以腊祭，用红小豆、糯米等煮成，后来因佛教等融入而内容渐多。《武林旧事》说：

> 八日，则寺院及人家用胡桃、松子、乳蕈、柿、栗
> 之类做粥，谓之"腊八粥"。

清人富察敦崇《燕京岁时记》记载上层社会腊八粥的配料制
作则更为详尽：

> 腊八粥者，用黄米、白米、江米、小米、菱角米、
> 栗子、红江豆、去皮枣泥等，合水煮熟，外用染红桃
> 仁、杏仁、瓜子、花生、榛穰、松子及白糖、红糖、
> 琐琐葡萄，以作点染。切不可用莲子、扁豆、薏米、桂
> 元，用则伤味。

在平常，一碗饭吃了也就吃了，可腊八粥并非寻常，千百年
传承下来，种种智慧不断融入，八方技能更见争奇竞巧，仪式隆
重，品类繁多。从备料到熬制到馈赠到享用，都是兴师动众，都
是程序仪式，甚至是周旋揖让……以致你甚至都闹不清腊八粥制
作的过程、吃的滋味和吃的过程哪个更重要哪个更根本。腊八粥
以北京的最为讲究，白米掺入红枣、核桃、栗子、杏仁、松仁、
榛子、葡萄、白果、菱角、青丝、玫瑰、红豆、花生……人们在
腊月初七的晚上，就开始忙碌起来，洗米，泡果，剥皮，去核，
精拣，然后半夜时分点火煮开，再微火熬，一直熬到第二天的清
晨。腊八粥熬好之后，要先敬神祭祖，之后要赠送亲友，最后才

是全家人食用。

　　北方还有一些地方，在相当长的时间段内，人们不吃腊八粥而是吃腊八面。前一天用各种果蔬做成臊子，把面条擀好，到腊月初八早晨全家吃腊八面。周秦汉唐故地的关中因将粥寄寓在五豆节，腊八节这天就多讲究吃面条，且面条切成一头宽一头窄的样子。神圣的美食，不只推己及人，与祖先与邻里乡亲共享，而且还要众生平等，将这挑在筷子梢的面条施于家禽家畜，甚至惠及家中的树木。笔者幼年遵父母之嘱，端起腊八面条，一一慰问前院硕大的柿子树、石榴树到后院高大的枣树，包括花开粉淡香气袭人的那丛刺玫瑰。人们郑重其事却也爱心爱意地在根脉处枝干上缠几根腊八面，相信来年树大根深，枝荣叶茂，花朵灼灼，果实累累。仿佛腊八饮食如同远古传说中的礼物，触及任何事物都会赋予其祥瑞的力量和超凡的能力。如记得家母当年一边用腊八面喂鸡，一边乐呵呵地说："鸡吃腊八，下得疙里疙瘩。"这看似一种喂养，却是一种将神圣施及万物的仪式。不只是饮食，就是气候，也仿佛有着预感未来的神奇光环。笔者幼年听家母、也听乡亲们说着这样的歌谣："腊八晴，万物成；腊八下，棉花搭架。"

　　除了腊八粥、腊八面外，民间还有用米醋在坛子里泡腊八蒜的风俗习惯。从腊月初八封上坛子口，放入屋内腌制，一直到除夕吃年夜饭时，才打开食用。泡好的腊八蒜鲜嫩翠绿，为家宴平添一道亮丽的色彩。但民间对腊八蒜还有一种特殊的说法。有谣谚说："腊八蒜，腊八蒜，放账的送信儿，欠债的还钱。"意思是说这是债主催账的符号。"蒜""算"谐音，债主想一进腊月该清算一年的债务了，但又觉年关即到，碍于情面不好意思上门讨要，于是腌制一坛腊八蒜送将上去。欠债人收到此礼心知肚明，便有所准备和行动。文质彬彬，蒜到意随，双方含蓄深沉，彼此心照不宣，腊八蒜在此独当一面，成为经济民俗的中介角色。食蒜者在崇高的超自然力的氛围中，还能因此多品尝出一道滋味。

腊八节的饮食，仿佛神仙的手指，能够化腐朽为神奇，触到的每个时刻都成为黄金。想想看，面对这样的饮食，谁能忍心一下子就吃完吃净呢？吃剩的腊八粥等，保存着，吃了几天还有剩下来的，却是好兆头，取其"年年有余"的含义；如果把粥等送给穷苦人吃，那更是为自己积德。于是，粥要熬得饱满丰盛，吃得天天有余，仿佛源远流长的河流一样，让幸福吉祥能够长久。不是有民谣吗？"腊八粥，腊八面，过了腊八就是年。腊八粥，喝几天，哩哩啦啦二十三……"这一歌谣还有另一重含义，不要小看了腊八节，它具有承前启后的作用，它的节日饮食，似乎成为驶向年节的直通车。

在这趟直通车上，人们怀着美好的期待，越来越热乎地开始了忙年与迎年的具体事务。进入腊月便天天逢集，人们走东串西，打酒割肉买豆腐，备办年货，清整院落，缝制全家老少过年的新衣，拆洗被褥，浸泡豆芽，舂好精米，磨就面粉，和好一大盆准备蒸年馍的发面，让它好好地发起来，未来的生活也像这样发起来，蒸好过年十几天吃的馍，让家里人都过得像神仙一样……饱做者美吃呢！一切琐细的整体在这里都有着喜悦而特别的价值与意义，让人眼睛发亮精神抖擞心情滋润。不几天，一个祥瑞而美好的开端即将来临。

是的，腊八已经到了，春节还会远吗？

换言之，以冬至为序曲，以腊八为标志，双重的启动仪式的按键已按下。辛劳一年的人们即将进入一年中最神圣、最安逸、最舒适的时段，年节就要开始啦！

第三章

祭灶 一片笃诚可问天

民谣讲："腊月二十三，灶王爷要升天。"说的就是我国的年节习俗之一——祭灶。腊月二十三日为祭灶日，民间称为"过小年"，亦称"小年""小年节"等等。这天送灶神上天言事称为"送灶""辞灶""醉司命"。

节日常规是腊月二十三日，但如乐曲一般，主旋律的行进中还会有不少变调。祭灶的具体日子还有所谓"官三民四船家五"的说法，即官府祭灶在腊月二十三日，一般民众则在腊月二十四日，水上人家则为腊月二十五日。如此看来，北国祭灶多在腊月二十三日，而南方多在腊月二十四日，就不只是一个简单的日期差别，莫非就有着彼此暗暗坚持的官方立场与民间立场的意味？而船家延宕一天，是否就是士农工商层级意识在节庆活动上的表现？有无强本弱末的褒贬色彩呢？这里起码荡开了一个充分的想象空间。

灶神的原型

灶神是我国民间普遍信仰的神祇，在先秦被列入国家祀典的七祀之一。《礼记·祭法》："王为群姓立七祀，曰司命，曰中溜，曰国门，曰国行，曰泰厉，曰户，曰灶……庶士庶人立一祀，或立户，或立灶。"

国王权大威重，自可七祀。诸神可分工可合作，天下大事自会梳理得清清如水。平民百姓只可一祀。而中国格局是家国同构，一家如同一小国。麻雀虽小五脏俱全，那么多的超自然力的整体事体谁来关照呢？难怪民间祭祀神灵缺少系统性，难怪不少专业神纷纷升格为全能神呢。后世且有不断创造出来的传说、理由来祭祀种种神祇，这当然是后话了。

享受着神州大地自上而下千门万户祭祀的这位灶神到底是谁呢？搜集文献资料和民间传说，笔者发现灶神原型并非一个，而是有着长而又长的队列。仅举其有影响者简述于下。

其一是黄帝炎帝。

《淮南子》说，黄帝、炎帝"死作灶神"，职司人间善恶。足见中国人把灶王爷看得很重，他成了民族始祖的化身。作为人文始祖如此寸步不离地关注每一个普通家庭的用餐及用餐者的素质问题，自是一个值得珍重的传统。也许后世衍生出的吃在中国文化中的特殊地位与此相关。民以食为天，因为食者在神圣的黄帝、炎帝面前列坐，似有成为黄炎贵宾的资格了。于是乎，传承至今日，常见那些聚餐者趾高气扬、举箸停杯的狂欢时刻，以至在修辞领域有关吃的词汇在传情表意中能打通一切而毫无滞碍，如受重用叫"吃得开"，不接受对方叫"不吃他那一套"，征服一切叫"大小通吃"云云，莫非是与灶神的这一原型有关？或者说在中国老百姓看来，最初最高最好统治者的要务，不在于说得五花六花甜麻花，不在于孕育时龙凤附体云朵环绕，而在于有能力弹奏好天下的杯盘锅碗瓢勺曲，让家家户户的柴米油盐酱醋茶丰盛充盈起来。如此说来，黄帝、炎帝居于灶神之位也不算屈尊了。

其二是祝融。

据古籍《礼记·礼器》孔颖达疏："颛顼氏有子曰黎，为祝融，祀为灶神。"《庄子·达生》记载："灶有髻。"司马彪注释说："髻，灶神，着赤衣，状如美女。"祝融原是五行模式中辅助南方大帝炎帝的神佐，属南方，火德，穿着赤衣原是他的本分。这也许是红黄腾跃的火焰引发的诗意联想吧。那鲜艳夺目的赤红衣衫飘动，带来温暖，带来吉祥，自在想象之内，但说其有髻且状如美女，有助营造亲切温馨的氛围，似有将其女性化的叙事倾向。这是历史的记忆，因普通厨房多为家庭主妇操持的印象投影呢，还是对灶神缺乏虔敬心态的潜意识流露呢？或者再向前追寻一步，莫非灶神崇拜本身就是我们先民那地老天荒时代女性崇拜的遗痕余绪？

其三是苏吉利。

东汉许慎《五经异义》上说，灶神是"为黄帝作灶"的苏吉利。为黄帝作灶者，还要分身兼顾天下，如此脚踏实地地一年三百六十五天深入民间锅头，难道黄帝真的不食人间烟火吗？或者苏灶神驻守在民间考察，而黄帝的饮食活动只需遥控让其弟子打理就可以了？看来这位苏灶神真是难得的平等容物，上管黄帝饮食，还要兼及天下平头老百姓锅里碗里杯杯盏盏的稀稠。他也并非孤身于高处不胜寒的琼楼玉宇，而如平民一般有着温馨的家室，据说他美貌的妻子即"灶王奶奶"王搏颊。看来灶神从黄帝的厨间来，虽出身神圣而庄严，但以夫妇形象呵护民间锅台，和一般家庭生活的距离也拉近了许多，就有着亲切的人间情味了。"将心比，同一理。"对于祭祀者来说，可能考虑到灶神的生活方式和我们一模一样，彼此共同的生活感受和语言多一些，这样更容易沟通吧。

其四是张姓灶神。

为什么这么说呢？因为全国各地流传的民谣说："灶王爷本姓张，一碗凉水三炷香。"看来这位姓张的灶神虽经年在烟熏火燎之中，但祭享如此素淡，自是一个亲民随和的灶君。老北京市面上曾经卖的《灶王经》中直述其钦差大臣的身份和职能：

> 灶王留下一卷经，念与善男信女听。
>
> 我神姓张名自国，玉皇命我掌厨中。
>
> 来到人间查善恶，未从做事我先清。

灶神姓张的歌谣传播开去，影响深远。"张王李赵遍地刘"，张姓在中国从来都是五大姓之一，灶神属于这一大姓族群的一员，其滋生的凝聚力怎么形容都不会过分。到底张姓何人，民间传说就多了，有说灶神姓张名仁，也有说灶王爷姓张名单，字子郭，夫人字卿忌，等等等等，但多是点到为止，语焉不详。下面只说几个相对完整的故事。

一个是老作家毛锜多年前为笔者讲过的故事。我问出处何在？他说听他老父亲，一位关中咸阳原上居住的老农民讲的。话说灶神姓张，名隗，是姜子牙的外甥。周灭殷商天下大定之时，姜子牙便斩将封神，但见征战双方的将帅们或高或低都有了特殊的名分，一个个陆续进入辉煌的神位。这时，张隗在旁侧暗暗打起小算盘，想着这红红火火又有口福的灶神能归于自己就好了，可谁知姜子牙内心已有安排，他不求外在的名分与地位，早就想将这满足口腹之欲的实惠差事安排给自己了。眼看封神过了一大半，名额所余无多，张隗急了，又不便明说，一再以暗示的姿态追问：舅舅，灶神封谁呢？姜子牙见外甥来抢这个位置，又不便明文驳回，便连声说，那是有人的啊。不料话音刚落，张隗即跪拜谢封。因为无巧不成书，张隗姓张名隗字有人，正是这种歧解让张隗钻了空子。对于姜子牙来说，君子口中无戏言，而且甥舅亲非常亲，打断骨头连着筋。无奈，只好顺水推舟，把张隗封作灶神，自己退而求其次，妥协为屋宇二梁上的稳神了。所以一直到现在，北方地区盖房上梁时，总要在屋脊的檩条上贴"姜太公在此，诸神退位"的大红纸条，传示天下，震慑四方，以祈求上梁大吉。

　　还有一个网上广为流传的民间故事。据说，古代有一张姓人家。兄弟俩，哥哥是泥水匠，弟弟是画师。哥哥擅长盘锅台，年长月久出了名，方圆千里都尊称他为"张灶王"。张灶王整整活了七十年，某年腊月二十三深夜病逝。他一去世，家里像是没王的蜂，乱作一团。弟弟只会诗书绘画，从未管过家务。几房儿媳妇都吵着要分家，画师被搅得无可奈何，整日愁眉苦脸。万般无奈，他想出个点子，在灶王亡故一周年祭日深夜，画师忽然唤醒全家人，煞有介事地说灶王显灵了。他引儿子、媳妇及全家老小到厨房，只见黑漆漆的灶壁上，飘动的烛光里若隐若现显出张灶王和他已故妻子的容貌。家人都惊呆了。画师说："我梦见大哥大嫂已成仙，玉帝封大哥为'九天东厨司命灶王府君'。你们平素好吃懒做，妯娌不和，不敬不孝，闹得家神不安。大哥知道闹分家的事，气恼不过，准备禀告玉帝，年三十晚下界来惩罚你们。"儿女媳侄辈听了这番话，惊恐不已，立即跪地连连磕头，取来灶王生前爱吃的甜食供在灶上，恳求饶恕。从此后，经常吵闹的叔伯兄弟和媳妇们再也不敢撒泼，全家安宁度日。这事给邻里乡党知道后，一传十，十传百，纷纷来张家打探虚实，画师于是分赠所绘灶王图像。如此一来，家家户户都供奉灶王像，逐渐形成了腊月二十三给灶王爷上供祈求合家平安的习俗。

我的学生、青年学者王玲博士也讲了一个张姓灶神的故事。传说胶东西部有一个张万昌，先娶了郭丁香为妻，后又纳李海棠做妾。在中国传统社会里，人常说，想要一天不舒服，那就请客吧；想要一月不舒服呢，打庄基盖房吧；想要一辈子不舒服，只能是纳妾了。很显然，张万昌如此这般地为自己建构了终生不舒服的格局，每日里妻妾争风吃醋打骂不止。张万昌一气之下放弃左妻右妾万贯家财，舍身当了灶王。不知是这妻妾二人见自己逼走夫君携手追随而去了呢，还是当地民众宽厚待人，如姜子牙斩将封神一样不论敌我不说褒贬地把这一夫二妻都供上神龛，于是当地灶神便有三位，中为灶神张万昌，左丁香，右海棠，均仪态从容。如果没有前因后果的追溯，没有深度的历史解读，只看画面倒也亲切温馨。

当然，这种民间传说在不同地方传播，自然衍生出不同的文本。胶东东部则传说张万昌原娶郭丁香，人好会过日子，但张把她休了，后娶王海棠，弄得家败乞讨。张万昌讨饭不经意间来到前妻郭丁香家，遂羞惭撞死而成为灶神。当地过腊月二十三，只供灶神灶奶一碗面条，有谣谚曰："灶王爷，本姓张，一年一碗烂面汤。"值得注意的是，这不只是一个撂天地里说完就会被大风吹走的故事，而是一个世代口口相传的有着民俗仪式依据的文本。于是，我们在山东果然看到了或三位相依或两位比并的灶君图像，而且山东好些地区的祭灶品是胶牙糖陪伴一碗面条。

类似的故事还有很多，随着时间的推移，也可能涌现出许多新篇章。值得注意的是，这里有着从神圣性到世俗化的演变轨迹，初始的原始崇高也渐渐融合并让位于世俗伦理。一般宗教或准宗教的故事或仪式往往具有道德上的积极意义，原因即在于此。

灶君今日上青天

你说灯我就添油，你说神我就磕头。中国的老百姓在信仰这一问题上往往有诸神为我所用的实用理性心态，缺少宗教徒迷狂式的虔诚。过去，差不多家家灶间都设有灶神之尊位。灶神龛一般位于锅灶的旁侧，中间供奉灶王爷神像，无神龛者则直接将神像贴于墙壁。神像上还印有一年日历，上书"东厨司命主""人间监察神""一家之主"等文字。

灶神有可能加祸于人的民俗观，是从先秦开始的。在历史的深处，《论语·八佾》篇隐隐透出了此中消息：

王孙贾问曰："与其媚于奥，宁媚于灶，何谓也？"子曰："不然，获罪于天，无所祷也。"

意即卫国大夫王孙贾请教孔子说，祈福者与其奉承西南角的奥神，还不如奉承灶神，这是什么意思呢？孔子说，不能这样照这两句话的意思讲，如果做人做事悖理而得罪了天，那么，无论是向位尊无权的奥神还是向位卑有权的灶神祷告都是没用的啊。显然，孔子所针对的，正是奉承灶神的民俗观念。这一观念产生且流行的背景，当是灶神决定人之祸福的威权。

从上述文献可知，先秦时灶神即被尊奉，但具体细节恐怕还要诉诸联想和想象。而有汉以后，自上而下尊奉灶神则已成风。这里有些皇帝与官员祭灶的历史记忆。《史记·孝武本纪》：

少君言于上曰："祠灶则致物，致物而丹砂可化为黄金，黄金成以为饮食器则益寿，益寿而海中蓬莱仙者可见，见之以封禅则不死，黄帝是也。"……于是天子始亲祠灶。

是说汉武帝时齐国方士李少君，以祠灶、辟谷和却老之方见刘彻，说要是祠灶丹砂可变为黄金，黄金成为饮食器则益寿，可以不死。天子不在乎钱财，普天之下莫非王土，此地所有的产出岂能让于他人？可古今哪个皇帝不想成神仙呢？于是便有着自信人生二百年的牛气，有着我愿再活五百年的痴心妄想，更有万岁万岁万万岁的荒诞与夸张……四海之内威风八面的皇上，在超自然意象面前因有无限所求便只能低头跪拜，既虔诚又露怯。于是乎，这位汉武大帝便亲自祭灶了。上有所好，下必甚焉。皇上祭灶了，臣子焉有不祭之理？《汉书·孙宝传》：

> 后署宝主簿，宝徙入舍，祭灶请比邻。

官位既定，人已入住，首要之事在这里成了祭祀灶神，宴请邻里。东汉应劭《风俗通义·祀典》：

> 燔柴于灶。灶者，老妇之祭也。故盛于盆，尊于瓶。

《后汉书·礼仪志》：

> 立夏之日，夜漏未尽五刻，京都百官皆衣赤，至季
>
> 夏衣黄，郊。其礼：祠特，祭灶。

文武百官身着鲜艳的礼服，褒衣博带，钟磬笙管，沉稳庄严，隆重地作郊庙之祭。特是形声字，意为寺，即官署之养育牛。毛传《诗经·魏风·伐檀》："兽三岁曰特。"《广雅释兽》："曾……四岁为特"。无论三岁四岁，当是健壮珍贵之牛。在不同的季节反复祭祀，不像后来只固定在某一具体日期，

当时灶神在人们心中的位置与影响可见一斑。

　　至于灶神名分，也有变化的历程。据研究，灶君的名称战国时已出现，灶神有"灶君""灶王"和"司命"等多种称谓。《战国策·赵策》中就描述说有人"梦见灶君"。"灶王"的敬称大约出现在道教发展的唐朝，李廓《镜听词》中有"匣中取镜祠灶王，罗衣掩尽明月光"。由君而王，表明灶神职司的扩大与地位的上升，而以"司命"称灶神，是其神格的新变化。司命本来是文昌宫主司人寿的星神，魏晋时期，灶神开始接任这一职司。汉郑玄注《礼记·祭法》说："小神居人之间，司察小过，作谴告者尔。"据此可知，先秦两汉，灶神变为居人之间专门司察小过的了，发现人有什么错误，灶神便会转告上天的神给予惩罚，从而决定人们的寿夭祸福。

　　葛洪《抱朴子·内篇》中说，灶神在每月的最末一天，都要上天报送一次人间过错。惩罚的厉害在于它会落实到每个人身上，直接涉及生命的长与短。罪过大的减寿三百天，罪过小的减一日。人寿原由司命执掌，而庶民只可一祀，千条线只能缩上灶神一根针。如此说来，灶神便兼融一切，权限跨越烹饪而管控生命了，难怪后世径直称灶神为"司命"呢。县官不如现管，司命者在众神中格外突出。直到今天，南方农家随处可见"本门宗祖"与"东厨司命"并列的神位。

于是魏晋以后，灶神成为天神监察下界耳目的观念深入人心。《抱朴子·微旨》明确指出："月晦之夜，灶神亦上天白人罪状。"之所以要打小报告白人罪状，是因为灶神受命于天，自上一年的除夕以来就一直留在家中，以保护和监察一家，到了腊月二十三便要升天，向玉皇大帝汇报这一家人的善行和恶行。玉皇大帝根据汇报，再将这家应得吉凶祸福的命运交于灶神之手。因此，对一家人来说，灶神的汇报实在具有重大利害关系。

或许历史与现实的教训不断叠加于意识层面，人间那种种平地上埋骨堆、背影中打小报告的阴影投射于神灵世界。于是"害人之心不可有，防人之心不可无"的古训一再响彻人心中。人们不得不与连接自己与最高统治者的中介套近乎，并加以防范，或想法糊弄。人们先给灶神像旁贴上"上天言好事，下界保平安"的对联。灶君的身份弄不明白不大要紧，径直呼他为"灶神""灶王""灶爷""灶王爷"就是了，即便灶君是女性敬称为爷也在情理之中。但祭灶的形式是不能缺少的。祭灶，多在黄昏入夜之时举行。一家人先到灶房，摆上桌子，向设在灶壁神龛中的灶王爷敬香，并供上用饴糖和面做成的糖瓜等，然后将竹篾扎成的纸马和喂牲口的草料供上，以备灶君上天时代步之用。用饴糖供奉灶爷，是让他老人家甜甜嘴。这一种仪式的历史传承，体现了老百姓的生存智慧与幽默。如鲁迅《送灶日漫笔》一文所述：

> 灶君升天的那日，街上还卖着一种糖，有柑子那么大小，在我们那里也有这东西，然而扁的，像一个厚厚的小烙饼。那就是所谓"胶牙饧"了。本意是在请灶君吃了，粘住他的牙，使他不能调嘴学舌，对玉帝说坏话。

绍兴是这样，其他地方也多是这样，祭灶多用甜和黏的食品。普通用的是糖瓜，即将红糖白糖熬化，再置于案板展开，冷却后切成条或块，要求达到的最佳效果是吃时黏得咬不动，嘴巴黏得张不开。在山东，临朐还用羊枣、柿饼，威海用糯米饼、小糖瓜，无棣、恩县、博平、招远、日照等地加用黍糕或枣糕。有的供水饺，取民间"起身饺子落身面"之意；有的供面条；有的还供上用秫秸扎成的灶马、灶鸡，好让灶王爷骑马上天，一路顺风。普遍用糖瓜，无非是粘住灶神的嘴，不让他上天说坏话；或者是让灶神的嘴甜，光说好话，所以成武等地称此为"涂神口"，有的还真在灶神的嘴上或锅灶门口粘上一小块糖；也有的在灶门口抹点酒糟或酒，谓"醉司命"。无论是甜腻腻还是醉醺醺，总之以调侃或戏弄到灶神上天去说不成坏话为原则。这种近乎笑闹的行为也是自有渊源，在唐人著作《辇下岁时记》中，我们看到了"以酒糟涂于灶上使司命（灶王爷）醉酒"的记载。

祭祀之后，还要举行欢送仪式。一家人跪在灶王像前，一边磕头一边烧掉旧灶王像和一匹纸马，同时老年人念念有词：

灶王灶王，你上天堂。

多说好，少说歹，五谷杂粮全带来。

那些迫切需要生儿育女的则念道：

腊月二十三，灶王上西天。

多说好来少说歹，马尾巴上带个胖小子来。

这首祭灶歌的异文本在河南的最后两句则变为"多带跑马带剑的，少带穿针引线的"，明确有求子之意。如此祈子，则又是对灶神职权的扩大和神位的提升。

人们用糖涂完灶王爷的嘴后，便将神像揭下烧掉，灶王爷和纸与烟一起升天了。这样就算把灶王爷送走了。送灶王爷时，有的地方尚有乞丐数名乔装打扮，挨家唱送灶君歌，跳送灶君舞，名为"送灶神"，以节日助兴换取食物。有的地方晚上在院子里堆上芝麻秸和松树枝，再将供了一年的灶君像请出神龛，连同纸马和草料，点火焚烧。院子被火照得通明，此时一家人围着火叩头，边烧边祷告："今年又到二十三，敬送灶君上西天。有壮马，有草料，一路顺风平安到。供的糖瓜甜又甜，请对玉皇进好言。"无论如何，生活中的民众或贫或富，总是处于弱者的地位，对灶神还是有所求的。有时的要求坦率而具体，如湖北新洲一带的《祭灶歌》：

> 一个萝卜两棵葱，我送灶神上天宫。
>
> 你爷就对玉皇说，就说我家真是穷。
>
> 多带皇粮少带灾，再带财宝下界来。
>
> 多带福禄喜寿财，少带瘟病火星阳世山间来。

至于祭灶的具体场景，作家苏叔阳在散文《北京人的"祭灶"》中则有更为生动贴切的描述：

> 腊月二十三晚，这些在灶头吃够一年灶灰的灶王爷爷及奶奶，受到人们尊崇。供果虽极简单，仪式却极庄严。晚饭后，将室内各炉火升旺，全家聚会一处，在供桌上摆好关东糖、糖瓜、南糖三五碗，凉水一碗，草料一碟。（凉水及草秸、料豆是给灶君的马吃的，人们的想象及服务真是格外周全。）再摆好烛台、香炉等祭器。祭祀开始，先点燃用羊油做的专供祭祀用的小红烛（此种红烛，旧时称之为"小双包"）。蜡台下压着黄钱、千张、元宝敬神钱粮一至二份。由男家长主祭上香。北京民俗："女不祭灶，男不拜月。"但我小时候，这个禁令已被打破，女人也祭灶，男人也拜月。只是祭灶时一般男先女后，依次三叩首，肃立十分钟，香烛欲尽，再次三叩首，然后把未燃毕的香根连同灶王码

儿、钱粮、草料等一起放在院子里的"钱粮盆"（生铁铸成的大盆）中，和已经放在盆里的松枝、芝麻秸一起焚化。当盆中的火苗升腾起来时，主祭者还往往祝祷不断，说："老灶王爷，您多说好话，少言坏语吧！"至于摆设的关东糖、糖瓜之类，则分一小块扔进盆中，去粘灶王的嘴，剩下的，悉数被人扔进自己的嘴里：所谓"上供人吃，心到神知"。神仙只是人们心愿中的一个符号罢了。

今人如此的祭灶仪式，如此的心态，恰是古人如此这般模式的传承与变异。且看宋代诗人范成大的《祭灶词》对当时民间祭灶活灵活现的描写：

古传腊月二十四，灶君朝天欲言事。

云车风马小留连，家有杯盘丰典祀。

猪头烂熟双鱼鲜，豆沙甘松米饵圆。

男儿酌献女儿避，酹酒烧钱灶君喜。

婢子斗争君莫闻，猫犬触秽君莫嗔。

送君醉饱登天门，勺长勺短勿复云，乞取利市归来分。

范成大的诗是饶有风趣的，字里行间渗透的是在丰盛祀品中烘托着人神沟通的世俗计较。祭灶者希望灶神有着非礼勿听勿视勿闻的深沉练达，也有着家丑不可外扬的面子情怀，甚至向灶神说出争得利益回来再分的许诺，这是典型的中国人的智慧与幽默。神灵在此际是一个典型的文化意象，而不是打从心底虔诚的信仰。从某种角度讲，这是以人为本、各路神仙为我所用的世俗理性，好像在厨房角落的人神沟通中，神仙的智慧远远低于人类似的。

如果说上述的观念与行为模式都是惧于惩戒、被动的话，那么，以阴子方为始的祭灶致富之说则是一种疏导与鼓励的模式。《后汉书·阴识传》：

> 宣帝时，阴子方者至孝有仁恩。腊日晨炊，而灶神形见，子方再拜受庆；家有黄羊，因以祀之。自是已后，暴至巨富。……至识三世，而遂繁昌，故后常以腊日祀灶而荐黄羊焉。

阴子方看见灶神，杀黄羊祭祀，从此交了好运，家道中兴，人财两旺，成了远近闻名的富户。受到这个"黄羊祭灶"传闻的启发，很多人亦在腊日宰牲祭灶。从此，杀黄羊祭灶的风俗就流传下来了。《荆楚岁时记》中就有腊日"以豚酒祭灶神"的记述，注引阴子方祭灶致富的传说说明这一习俗的由来，故《燕京岁时记》"祭灶"条才说"二十三祭灶，古用黄羊"。到了清朝就只内廷和王公府第仍用黄羊祭灶，而朱门大宅已不常用，至于平民百姓更谈不上如此排场了。鲁迅曾写《庚子送灶即事》诗：

> 只鸡胶牙糖，典衣供瓣香。

家中无长物，岂独少黄羊。

或许因为灶神位卑而权重的原因，我们看到的历史文献所记多为负面影响的东西，这是灶神一无是处还是墙倒众人推的社会风气所致呢？倘一无是处，何以天南海北年年如斯祭祀不已呢？

其实还有一些是描述灶神庇护平民的。如洪迈《夷坚志·丁志卷》第二十云：

南城杨氏，家颇富。长子不肖，父逐之。天寒无所向，入所贮牛藁屋中，藉草而寝。霜重月明。寒不得寐。忽一虎跃而来，翼从数鬼，皆伥也，直趋屋所，取草鼓舞为戏。子不敢喘。俄黑云劲风，咫尺翳暝，虎若被物逐，仓黄走，众伥亦散。既神人传呼而至，命唤土地神。老叟出拜，神人责之曰："汝受杨氏祭祀有年矣，公纵虎为暴，郎君几为所食，致烦吾出神兵驱之，汝可谓不职矣！吾乃其家灶君司命也，汝识乎？"土地谢罪而退。明日起视，外有虎迹，草皆散掷地上。后其父怒解，子得归，具言之，由是事灶益谨。

意即南城有一杨姓人家，家境殷实，这家长子因不肖而被父亲驱逐在外。到了十冬腊月天寒地冻时节，这位浪荡子漂泊无所依，只好钻入一间牛草料贮藏室，裹掖干草将就而眠。忽而见一只老虎跳跃扑来，两翼跟随着好些妖魔鬼怪，都是虎的爪牙。它

《灶神神龛》（剪纸），陕西富县文化馆藏

们直奔这草屋而来，抽取扬散着草料，敲击舞蹈嬉戏而乐。这小子吓得裹身草中汗不敢出，气也不敢喘。不一会儿，黑云狂风漫起，近在咫尺亦黑暗不辨，老虎好像被什么所追逐着那样仓皇而逃，众鬼亦树倒猢狲散。这时，神人传呼来了："土地神，土地神，你在哪儿？"土地老儿怯怯出来拜见。神人斥责道："你受杨氏一家祭祀多年了，今天竟然纵虎为暴，差点吃了人家儿子，以致让我出神兵来驱赶，你可谓不尽职啊！我本杨家灶君司命，你认识吗？"土地神唯唯谢罪而退。第二天仍见虎迹犹存，乱草满地。后来杨氏父亲怒气渐渐消解后，儿子得以回家。儿子把这事学说了一遍，从此而后，这家侍奉灶神更加认真勤谨了。

腊月二十三的祭灶与过年有着密切的关系。在河南，人们把祭灶节看作仅次于中秋的团圆节。凡在外地工作、经商、上学的人，都争取在腊月二十三之前赶回家里。能吃到家里做的祭灶火烧，便会得到灶神的保护，来年家人就能平安无事。因为，在一周后的大年三十晚上，灶王爷便带着一家人应该得到的吉凶祸福，与其他诸神一同回到人间来。灶王爷或许就是为天上诸神引路的吧。其他诸神逍遥自在过完年后再度升天，只有灶王爷会长久地留在人家的厨房内，关注着这一家老少的锅碗杯盘瓢勺铲、柴米油盐酱醋茶，所以灶神两侧的对联又有"二十三日上天去，正月初一下界来"的词句。

不只祭灶，此时，过年相应的仪式也提到议事日程。据杜军护田野作业调查，陕西兴平、武功、礼泉等地便有"和尚卖门戴甄板"之俗，即用黄纸剪贴于门楣上，用于"疗疳"。同时也用秸秆编织两个类似于蒸馍用的甄箅，直径6厘米，当地叫它甄板。用线穿起，附以黑红绿色布块做的馍，由老人给家中小于十二岁的孩子戴到左臂，甄板上方用针线将白布做一个小白公鸡。戴至正月三十日月尽年满晚上燎花花时和"和尚卖门"一并撤下，扔进燎花花的火堆一起烧掉。

总之，以祭灶作为开端，年的仪式感来了，浓郁了。在此之前有腊八餐饮仪式的铺垫，更向前还有冬至启动仪式的信号闪亮，仿佛进入倒计时似的，因为从此开始，天天逢集，采办年货。见面的问候便是"年货办好了吗？"系列仪式隆重展开，人们的生活节律和主旨都向年节奔去。

笔者小时候有更多的体验与记忆：街巷深处的鞭炮声会依稀响起，那可能是满怀激情的小孩子忍不住的演习试放吧；村口早晚都有欢跑游戏的小朋友们的呼嚷；家家户户新年的新衣大多停当，母亲早将被褥拆洗整洁缝就如新。家家户户开始扫房舍了，先将家里角角落落都翻腾一遍，那闲房里积久不用的物什沾染灰尘甚至挂着蛛网絮絮的，此时也要拿出擦拭清洗。盆盆盏盏自不必说要洗涮洁净了，院落居室也是要花大力气的：鱼鳞状的屋顶上瓦松与积尘要扫去；檐墙与椽间的房马眼用报纸包裹的荞柴重新填充；居室的顶棚或重新扎绑，或清整如新；门背后、墙角落、室内室外墙壁这些在平素被遗忘的角落，此时此刻都被提上议事日程，成为关注与呵护的对象。

一般人家刷墙或在土壕里取黄土或以白灰为浆，倒也焕然一新，但我的父母却以为土色太俗，而白灰太亮，不如白垩土刷得清爽雅致。于是年年扫尘之际，兄弟们便步行到十多里外的泾河盆地取白垩土，带着口袋、小镢头和美化家屋的意愿，在那齐棱棱百米峭崖上尺许宽的白垩土层边，探头侧身去挖掘。我只去过一次，看着因挖白垩土而形成的那横亘在崖壁上狭窄的长缝，感慨万端。我不知道我的兄长，我的父亲，我的父老乡亲，以及上溯到遥远的我的祖先，他们在迎年之际，是如何发现这里的白垩土的，如何不辞劳苦，如深山探宝一般探身于危险的深槽狭缝之中，再扛上这近百斤沉甸甸的美饰之物，心情喜悦地走过十里长途，化浆后将院落墙壁粉刷一新。因为这是过年的净化仪式呀，环境的焕然一新也许就意味着生活质量的焕然一新。也许这也是新年狂欢的内容之一吧。

北方民间俗语说，人一过五豆节腊八节喝粥就喝得糊糊涂涂的了，大把花钱备办年货，大碗喝酒，大块吃肉，蒸拜年的包子等礼档，蒸待客的白生生馒头……让随着蒸汽而散发的麦香味弥漫在家庭的每一个角落。一直吃到二月二没啥吃了只好数着吃豆豆了。这种解嘲式的对年节的别样解读，既可看出春节在饮食层面超常消费的狂欢，也可反观曾有相当长时间人们温饱不足，陆游的诗句"瓦盆酌满不羞贫"也可透出此中消息。

第四章

除夕

临界于新旧交替

旧历年的年底才真正像个年底。一年到头，腊月最后一天——除夕一到，仿佛是心灵最柔软处受到触动，仿佛从幽深之处听到亲切而神圣的一声召唤：回家过年噢！仿佛童年在村口玩耍时忽听母亲的呼唤，仿佛千里回村看到袅袅炊烟，仿佛不远处有弦索与锣鼓的交响……事实上年年如此，处处激动人心。进入腊月，春节启动之日，人们的思想便如离弦之箭朝着一个方向做加速运动。一个月，两个月，一年半载，或因工作，或因学习，亲人颇多分散疏离。而除夕，这个新旧之交，是在国人心目中有着崇高位置的节日。它不只把人们从心理上联结在一起，而且召唤着亲人团聚。不论你多大的身份，不管你多大的年龄，此时此刻内心深处会隐隐荡起一个温馨而神秘的声音：回家，回家，和亲人团聚，与记忆在兹的列祖列宗团聚，与天地人神团聚。不管千里万里，不可违逆，都要赶在除夕回来。这是自古以来的神圣呼唤，这是国人心目中的至高律令，这是年节的第一个高潮，春节的核心节点之一。

　　除夕又叫"大年三十""大年夜"。一年三百六十五天，能够获得大年命名且能与大年初一并列的，只有除夕。它业已成为不可或缺的神圣名分与节点了。即便这年腊月只有二十九天，那这月底之日也要称之为"大年三十"。显然，大年三十的称谓已明确将它置于年节的中心地带。年是神圣的，每一天都有崇高的意味，这种称呼是意味深长的。除夕之名，在人们常规的理解中，是指农历十二月最后一晚，亦泛指一年的最后一天，既往与未来之临界，总之意在旧岁至此而除。汉代高诱注《吕氏春秋·季冬纪》，提出了一个新的理由："前岁一日，击鼓驱疫病之鬼，谓之逐除，亦曰傩。"

也许，这才是除夕之名的由来。

也许，年的称谓在除夕才名正言顺。年是什么？想我们先民对于时间段的命名既有形而下的感性，又充盈着形而上的意趣。太阳升起落下一个轮回就是一日，蓝天去蔽与夜幕遮掩一个单元唤作一天，月亮由无而渐渐涨到浑圆再缺到无痕的完整过程便叫一月，而庄稼由种到收获这一个轮回就叫作"年"，而狭义的年就是收获的时刻。从生存基础的思维展开去，年就是丰收，就是劳作的酬报，就是幸福的品尝……倘认作这一节是富有灵性的天与地的恩赐，那么，神圣的接福与虔诚的致礼便有了崇高而神秘的氛围。

从文字文献来看，年是一个人头顶谷物或以谷物为头饰的形象描摹，是谷物丰熟的庆典仪式，这不是到了年底才出现的搬运与歌舞场景吗？而从民俗传说来看，年是这时候趁丰收来捣乱的怪兽，须放爆竹来吓唬驱逐的对象，这不是仍以谷物丰熟为前提的窥伺与保护吗？但无论是顶戴植物或是驱逐动物，都可看出年是农耕文明的悠远记忆，正像西方节日多是宗教生活的记忆一样。

所谓大年之大，是因神圣而大。这里的神圣性在于，甲骨文的"大"字是一个顶天立地的人，一个光天化日之下呈现正面形象的人，一个坦然自若四肢向外界自由伸展的人。能够在众目睽睽之下正面展示的人，岂不是被关注被欣赏者吗？人，在这里不是侧立弯腰芸芸众生的"人"，也不是完完全全被降服而偷眼瞧人低头胆怯的"臣"，而是带有神圣性的自由自在的大写的人。只有每个人在年节之时精神焕发仿佛换了个人似的，那么，大年之大才算真正落在了实处。

春节是一个有相当时段的文化平台。从冬月的冬至，从腊月初五的五豆节、初八的腊八节开始，春节便已启动。至二十三祭灶，送监管一家烟火的灶神上天汇报开始，辞旧迎新进入倒计时，生活的一招一式都成为有意味的形式。这种时刻愈走向临界点，愈有着脱俗入圣的氛围，这样的神圣时光就叫作"大日子"。在民俗传统中，春节具备大日子资格的似只有从除夕到初五这几天，而真正能叫得响的只是大年三十和大年初一。于是，自古而今，人们在除夕祭祖敬神、贴门神、请灶神、贴春联、贴春牌、贴春条、饰门旗（亦名春幡）等等，一切生活情境开始神圣化。窗花四周云彩簇拥，人们的言行也如神仙般雅致优美起来。

有意味的窗花

窗花或是早早有所准备，或亲自描绘与剪切，或街市选购，而在除夕要做的就是贴上窗了。

窗花有剪纸，有彩绘。其实除夕之时，所贴剪纸、彩绘不只限于窗棂，大门的门楣，土地与灶神的神龛，卧室的顶棚、炕围，祭祖的供桌前沿甚至粮仓均可张贴，目的是美化居所环境，焕发审美趣味，建构人们诗意栖居的理想之境。九州方圆，大江南北，以花为心声，以花为憧憬，以花为仪式，真真意味悠长。

笔者幼年时年年帮家里贴窗花。不是家母的剪纸，便是家姐的彩绘。母亲用各色彩纸剪出再来拼贴，那花瓣儿是S形弯曲，叶儿边缘是S形交汇，枝杆儿更是S形斜逸，没有直棱直角的僵滞，腾越的是舒展自如的旋律与节奏。而姐姐则爱心爱意地从书册里翻出久藏的花样子，又从街坊邻里处搜集来新的图样。精心选择之后，用复写纸小心翼翼地拓写，继以工笔绘画般的墨线勾勒，再以毛笔五颜六色填染。或偶然自出心裁，描画出平素所见所想，如院落里的刺玫瑰，檐前的牵牛花，校园里的牡丹花，等等。姐姐的窗花笔触，或多或少会带来从小学美术课堂上习来的毛笔韵味，而稍稍不同于母亲豪放的民间色彩。在我幼年的心里，一幅幅或剪或绘的窗花，嫩叶似新出，花朵如初放，春天的气息似乎从这里弥漫开来，蝴蝶陶醉于蓊蓊郁郁的芬芳，鸟儿欢悦于天高地阔的响晴。年味儿也是从窗花里溢出来的吗？我自己带有乡土气息的审美趣味，也是在母亲与姐姐剪绘窗花的氛围中熏陶出来的吗？

搭眼一看，那一朵朵窗花，从剪刀所剪、彩笔所绘起，便像注入了神秘神奇的精灵，似日升东方、鸟唱枝间，天地间一瞬间都活泛起来了，热闹起来了。即便是窗外雪花纷飞，居室却也是红鲜翠嫩，鸟鸣蝶舞，百花盛放，一派热闹祥瑞之气。这种绘窗饰门美化居室的习俗，向上追溯，历史悠久；横向看去，四处皆然。那溢出窗棂的四时花卉——牡丹、兰花、桃花、玫瑰、菊花、梅花，甚至那叫不上名字的花儿朵儿，数也数不清，看也看不完。那超越时空的花儿朵儿，从窗间逸出，似簇拥在花园，似舒展在草坪，缀饰于密林，掩映于岸边……整个世界都亮丽起来了。那枝儿叶儿，五颜六色，万紫千红；鸟儿草儿，娇小玲珑，千姿万态，如意可心。问题是，为什么都要贴窗花？窗花的意义何在呢?

　　窗花,是开放在窗棂上的花朵,更是开放在心灵上的花朵。千万年以来,不同的花朵因与人生的命运碰撞,因与历代先贤的智慧碰撞,从而拥有各自独特的原型与花语。或者可以说,每一朵花微含笑意与每一个观赏者对谈,所说的话语无一不是吉祥的,祝福的,温馨的。试述几朵。

　　梅花,衬映冰雪,凛然开放,清淡雅素,暗香幽深,既宁静淡泊又风骨峥然,这是官方、社会精英与民间公认的花中至尊。咏梅之诗可谓多矣!明杨维桢《道梅之气节》直写梅之特质:"万花敢向雪中出,一树独先天下春。"

　　玉兰,它的花语是纯洁的爱,真挚,高贵出尘。它的花语可能来自神姿仙态的洁白和高雅,除了爱情,它也可以表示友情的纯洁和真挚。玉兰隆冬时节孕育花蕾,早春时节无须绿叶铺垫与陪衬,如仙女霓衣风马纷纷降临,似白云朵朵宣示春晴,超凡脱俗地开在都市里、沙尘中。于喧闹不顾,与世尘不争,骄傲地站在突兀的枝茎上,飘逸着,将阵阵清香洒满庭院。

　　牡丹,国色天香,花中魁首,吉祥富贵。国人心目中能与梅花比并者,舍牡丹而谁?刘禹锡《赏牡丹》有句:"唯有牡丹真国色,花开时节动京城。"刘灏《牡丹》诗更为飘逸:"疑是洛川神女作,千娇万态破朝霞。"文人赏其优美大气,而民间则视其为富贵的象征，赞其雍容华贵的从容仪态。

桃，几乎是一个吉祥的家族。国人的心目中，桃花、桃木与桃实确可自成谱系，各有意味。桃花象征着青春的美貌与幸福的婚恋。《诗经·周南·桃夭》的吟唱早就成为家喻户晓的婚嫁之歌："桃之夭夭，灼灼其华。之子于归，宜其室家。"而崔护的《题都城南庄》名句"人面桃花相映红"更成为对青春女子的经典描述。神话传说中神荼郁垒缚鬼送桃树下饲虎，自是桃木避邪的不二解读。西王母桃园三千年结实让食者长生不老，寿桃献瑞，使桃实积淀着人类超越时间的终极梦想。而陶渊明所述的桃花源更是古来乌托邦理想之幻境。

兰花，人人皆知其颇有君子风度。苏轼诗《兰》："本是王者香，托根在空谷，先春发丛花，鲜枝如新沐。"颂祝其谦和有礼，有才而不骄，得志而不傲，居于谷而不自卑。郑板桥《高山幽兰》："千古幽贞是此花，不求闻达只烟霞。"更以超尘脱俗写兰花之精神。如此赏花，显然经历了审美的三级跳，即从看兰是兰，到看兰不是兰，再进境于看兰是兰。人生意味如此这般地融汇于自然形态之中，看似所绘叶片飘逸俊芳、绰约多姿，看似朵朵花儿高洁淡雅、神韵兼备，甚至唤醒通感，香味纯正幽远、沁人肺腑……其实都是别有一番滋味在心头。

莲花，说及莲花，周敦颐《爱莲说》几句自然泛上心头：

"予独爱莲之出淤泥而不染，濯清涟而不妖，中通外直，不蔓不枝，香远益清，亭亭净植，可远观而不可亵玩焉。"在国人心目中，莲花坚贞纯美、清丽圣洁、品行高雅等自不必说，六朝民歌更将鱼戏莲花视为爱情的象征。而在佛教中，莲花是八吉祥图纹之一，不少菩萨诞生于莲花。而在道教的暗八仙图纹里，莲花又是何仙姑的象征，是吉祥的图符，是美神的标志。

萱花，即萱草花。它自古以来就是我们的母亲花。《诗经》中的咏唱便以其象征母爱与亲情，温馨与无忧无虑的意蕴积淀其中。孟郊一首《游子吟》便是萱花的深情之歌："萱草生堂阶，游子行天涯。慈母倚堂门，不见萱草花。"这样的心绪成为民族的集体无意识，会在悠久的历史时段一再流露。王冕《偶书》亦是打心底的感恩与祝祷："今朝风日好，堂前萱草花。持杯为母寿，所喜无喧哗。"此时此刻，此情此景，萱花自然会幻化为母爱的氛围萦绕四周，如月亮在白莲花般的云朵里穿行，如夏日撑开"巨伞"的树荫，冬夜温暖心灵的火炉。

菊花，自屈原《离骚》写"朝饮木兰之坠露兮，夕餐秋菊之落英"，菊花便定格为长寿之花。它迎寒霜而开放，更被古今诗人视为人品风骨的象征。白居易《咏菊》："耐寒唯有东篱菊，金粟初开晓更清。"元稹《菊花》更是一片深情："不是花中偏爱菊，此花开后更无花。"对于人生不如意事常八九的平头百姓来说，在冰雪之前仍凛然不凋的菊花，确有着鼓舞人心的内在力量。

石榴，以其多子而赢得世人的喜爱。五月榴花照眼明，红红火火，欣欣向荣。历代盛传的华封三祝：多福、多寿、多男子，在民间演义中，石榴以其多子而成为这一祝祷的直觉造型。石榴成熟开裂，石榴籽密集如欢聚，个个似欢笑歌唱，声震屋瓦。既寄寓多子多福之祝祷，又兼容金玉满堂之象征，怎不让人由衷的喜爱呢？

佛手，自然的佛手瓜，却也因象征佛祖之手而顺理成章地点化人间。在这里，创作与观赏的过程，便是进入神话境界的过程。仿佛祥瑞的云烟从窗前弥漫，仿佛温馨的旋律自心中响起，你会没来由地感觉到，只要剪出、绘出或者看到佛手，冥冥之中便可迎来命运转机，瞬间获得心中欲有而手上所无之物。在虔诚的信仰氛围中，佛手可上指天下指地，穿透一切，即时指点迷津，增益人们直面坎坷与灾难勇敢前行的智慧与力量。是的，当人处于痛苦之中而彻夜难眠的时候，想象着法力无边的超自然意象，想象着佛祖的手能够助自己一臂之力，能够为自己抵挡灾难，能够平复浮躁不安的心灵，那也是温馨的心理治疗与安慰啊。

竹，这是国人心目中松竹梅兰四君子之一。古来盛赞竹之七德，即是说竹身形挺直而宁折不弯，有正直之德；有竹节却不故步自封，不断向上成长，有奋进之德；外直中空，襟怀若谷，有虚怀之德；有花不开，素面朝天，有质朴之德；超然独立，顶天立地，有卓越之德；虽卓越高大却群居如林，有乐群之德；或为简册，或为纸张，载文传世而任劳任怨，有担当之德……了解这些，便不难感知古来文人墨客喜画竹、民间窗棂多秀竹的深层意趣了。

再上一个台阶，仿佛文字中的成语一样，不同意象的组合所指往往是固定的。这便是民间约定俗成的意象了。梅朵上一只回头欲唱的喜鹊，自是"喜上眉（梅）梢"；喜鹊回视三柿者，便是"喜报中三元"，在过去是秀才、举人、进士，在今日恐怕是意在学士、硕士、博士了……

若桃儿石榴佛手鼎立，便是多福多寿多男子的华封三祝了；孩童抱鱼且在莲花之上，便是"连（莲）年有余（鱼）"；倘若是鱼儿与莲花，那就是新婚窗花，比喻两性幸福和谐了，等等等等。这些意象的深层内涵早已积淀到集体无意识层面，而民众多以短平快的思维给予天真的解读，以美丽的具象暗示吉祥的思想，简洁而纯粹，富有童趣和大胆的想象，以积极的心理暗示增益着生活的情趣和前行的底气。

传统窗花汇聚百花为花园。这就有意思了，花园意象是吉祥幸福的诗与远方。它从某种意义上成为精神家园的象征。而陶渊明所写的桃花源，恰也是深藏在大山深处一个令人惊喜不止的花园。若回到我们的传统，中国四大爱情传说恰诞生于花园。或许在口头与文字叙述中，所有的爱情都发生在花园。不只是牛郎织女、孟姜女范喜良、梁山伯祝英台和许仙白娘子。再看我们的小说戏曲，花园酝酿着《红楼梦》《牡丹亭》中美好的爱情，贾宝玉与林黛玉心有灵犀地花间读书，柳梦梅与杜丽娘花下憧憬……

而在最深的层面，花卉是年节神圣境地的暗示和烘托。中华民族花的图腾源自远古，著名考古学家苏秉琦先生在追溯中华文明起源时，不仅赋诗"华山玫瑰燕山龙"，将仰韶文化华山玫瑰图纹，置于与红山文化玉龙同样厚重而神圣的地位，而且在《中国文明起源》等著述中，一再强调华山脚下以成熟型的双唇小口尖底瓶与玫瑰花枝图纹彩陶为特征的组合，便是中华远古文化中以较发达的原始农业为基础的、最具中华民族文化特色的花朵。其影响面最广，影响力最为深远，几乎覆盖了中国史前文化较为发达的全部地区。这也许是花卉图纹在中国官方、民间叙述中神秘地成为主体的深层原因吧。

这些花瓣纹彩陶罐表明，花朵在古代先民心目中有着非同一般的吉祥含义，它是民族生存繁衍的象征，也是华夏民族的标志。在古代，花与华相通。华胥氏之名与华山的命名应有内在的关联。山下的群落自是华族的源起，扩而大之便是华夏族，渐渐成为中华民族。中国人侨居海外者称为华侨，总体统称为华人，所述的文字称华文，继而成为我们的国名。作为民族的集体记忆，如同歌曲唱我们是龙的传人一样，花卉在我们身边主旋律般反复出现也在告诉世人，我们是花的传人！于是我们因窗花看到了文化链条的崇高投影。这就是一种文化图腾的血肉与根脉。

这样一个花纹，成为我们民族美丽的图徽，成为我们自先民承传而今的图腾符号。我们看到了自古而今，朝廷君臣簪花戴花，至宋明成为制度。文人士大夫赞花颂花，"采菊东篱下，悠然见南山""人世难逢开口笑，菊花须插满头归"。时至今日，各处的婚嫁男女，人们推崇的英雄模范，亦无不披红戴花。过年时节，花卉如同星辰缀满夜空，花卉如同春苗点染原野。走进城乡街道院落，馍上有花，衣服上有花，窗棂顶棚炕围随处有花盛开。在我们民间窗花的文化平台上，在我们春节的文化空间里，花朵有着充分的展示和不断创新，就像年年春天那盛大开放的美丽花朵一样，有着相对恒久的意味。

值得注意的是，窗棂四角一般都是四朵云纹即"云子"，暗示了这是一所为祥云呵护的天堂，是仙境之所在。李白诗不是说"霓为衣兮风为马，云之君兮纷纷而来下"吗？天上的神仙都以云彩为衣而御风降临人间。事实上装饰花窗者就是梦想自己身居仙境，过上神仙一般的日子。须知世界上所有宗教的天堂世界都是花园景象，有山有云有水有树有草有鸟有湖有岛。倘若放开眼界，就会发现，人类的所有宗教的理想境地，无一不是花园的建构。例如伊甸园：

> 耶和华神在东方的伊甸立了一个园子，把所造的人安置在那里。耶和华神使各样的树从地里长出来，可以悦人的眼目，其上的果子好作食物。园子当中又有生命树和分别善恶的树。有河从伊甸流出来，滋润那园子，从那里分为四道。第一道名叫比逊，就是环绕哈腓拉全地的。在那里有金子。并且那地的金子是好的。在那里又有珍珠和红玛瑙。第二道河名叫基训，就是环绕古实全地的。第三道河名叫西底结，流在亚述的东边。第四道河就是幼发拉底河。耶和华神将那人安置在伊甸园，使他修理看守。

旧约全书·创世记（节选）

倘若细细想来，道教的天堂，佛教的乐园，伊斯兰教的天国……无论文字叙述还是图像呈现，无一不是花卉盛开，云雾缭绕。

笔者幼年常在除夕看母亲剪云子，并帮着张贴，不只贴在窗棂的四个顶角，而且在炕围的拐角处也是以云子来点缀呵护。看那云子呈S曲线，婉转厚重大气，大有汉唐余韵。生活的空间因祥云簇拥而神圣优雅，想象中的神仙在四围深情地关爱着善良的人们，新年的幸福感也因这神圣的铺垫而弥漫开来。可见花园是人类一个普遍的圣洁符号，是理想境界的直觉造型。"此中有真意，欲辩已忘言。"这里有更为博大更为深远的意蕴值得我们去求索。

守家护院有门神

在过去，除夕家家户户是要贴门神的。古罗马守护门户与万物始末的一直是雅努斯，而中国门神的原型和故事颇为丰富多彩，种种传说和仪式也有着演变的过程。

其一，神荼郁垒。

据《风俗通义·祀典》引《黄帝书》：上古之时，有神仙神荼、郁垒兄弟二人，居于风景秀丽的度朔山下，他们把那些祸害人间的恶鬼都用苇索捆绑起来，让老虎吃掉。文学家蔡邕在《独断》中描述，海中有度朔之山，上有桃木，枝叶茂盛，盘根错节，树冠蟠曲覆盖达三千余里。树枝东北的鬼门，是世间众鬼出入必经之门户。神荼、郁垒居守门口，见到恶鬼，即

以苇索捆绑起来，送以饲虎。因此汉人每至除夕便削桃木刻神
荼、郁垒二人形象于门上"以御凶"。宗懔《荆楚岁时记》：
"正月一日，悬苇索于户上，插桃符其旁，百鬼畏之。"又
曰："造桃板著户，谓之仙木。"后世以桃板仙木书写联语，
在神圣的氛围中增添明确的祈愿，如此的文字叙述即是春联的
滥觞。

　　岁除驱鬼，汉时于腊前一日举行。如《后汉书·礼仪志》
载："先腊一日大傩，谓之逐疫……百官官府各以木面兽能为傩
人师讫，设桃梗、郁儡、苇茭。"据梁刘昭补述云：

　　　　《山海经》曰："东海中有度朔山，上有大桃树，
　　蟠屈三千里，其卑枝门曰东北鬼门，万鬼出入也。上有
　　二神人：一曰神荼，一曰郁儡。主阅领众鬼之恶害人
　　者，执以苇索，而用食虎。于是黄帝法而象之。驱除
　　毕，因立桃梗于门户上，画郁儡持苇索，以御凶鬼，画
　　虎于门，当食鬼也。"

　　郁儡与郁垒音同，可通用。《风俗通义》亦记载其事，曰：
"谨按《黄帝书》，上古之时，有神荼与郁垒昆弟二人，性能执
鬼。"神荼、郁垒以苇索执凶鬼饲虎、黄帝"法而象之"，在门户
上立桃梗画二人为门神，可见门神如同指南车、文字、宫屋、服饰
一样，都是人文始祖黄帝的卓越创造，都是自带光芒降临人间的。

其二，钟馗。

桃木板上的门神，到唐末就变为钟馗了。

据唐户肇《唐逸史》记载，开元年间，唐玄宗李隆基病卧床榻一月有余，忽一夜梦见一大一小两鬼，小鬼绛色衣，犊鼻（即短裤），赤跣一足，另一足拖着破鞋，来偷玄宗的玉笛和杨玉环的紫香囊。玄宗大惊，绕殿而逃，忽见一大鬼急急上前捉住那小鬼，剜目而吞食之。玄宗望着这着蓝裳袒露一臂的大鬼，怯怯地问："你是何人？"那大鬼答道："臣钟馗，即武举不捷之士也，誓与陛下扫除天下妖孽。"玄宗梦中一惊，醒来便觉病好了。遂召见画家吴道子，告诉梦中情景、种种原委。吴道子听着叙述，笔到意随，画出一个活生生的钟馗来。玄宗大喜，并诏告天下以钟馗像为祥瑞，"因图异状，颁显有司。岁暮驱除，可宜遍识。以祛邪魅，兼静妖氛"。

查阅唐时文献，张说有《谢赐钟馗及历日表》，刘禹锡有《为李中丞谢赐钟馗历日表》等文，可见唐时皇帝确以之为祥瑞礼品而赐赠臣下了。据《五代史·吴越世家》和沈括《补笔谈》记载，每年除夕，都有画钟馗、贴钟馗、皇帝给近臣赐钟馗像的事体，可见有唐以后，除夕之夜，各地贴钟馗为门神已成风气。清李福《钟馗图》诗：

面目狰狞胆气粗，榴红蒲碧座悬图。

仗君扫荡么么技，免使人间鬼画符。

虽说钟馗形象威烈粗豪，与优美不沾边，但因能有效地治服凶鬼，便以崇高的狞厉之美而受到民众的尊敬。也许天下门户由一扇独开多转为两扇对开，钟馗一人之位不好分置，也许钟馗在人们心目中地位不断高升，遂登堂入室，直驻中堂了。

其三，古代勇士成庆和夏育。

清恽敬《大云山房杂记》引《汉书·广川王传》，"殿门画成庆，短衣大裤长剑"，此门神之始也。至于是否门神之始姑且不论，这则文献明确列出了一位新的门神原型。夏育是周代卫国的力士，而成荆，亦名成庆，乃古之勇士。他们与乌获、孟贲等人一样，都是当时家喻户晓的古代勇士，画像甚至还被人们当作门神来使用。后来的勇士诸如关羽张飞、吕布赵云等亦被列入门神队列之中。

其四，方弼和方相。

陕西凤翔木板年画中的门神还有方弼和方相兄弟，他们是《封神演义》中的人物。方氏兄弟，曾是殷商都城朝歌的镇殿大将军。他们曾守护宫门，吓阻妖女妲己，便有了彰显一身正气的千古形象，后又为救纣王要杀的儿子殷郊殷洪而反出朝歌，拥有明辨是非的性格特征。但据民间传说，方弼、方相为西岐之人，既是亲切的邻里乡党，又受姜子牙高大上的封神之誉。方弼被封为显道神，方相被封为开路神。据《周礼·夏官·方相氏》："方相氏掌蒙熊皮，黄金四目，玄衣朱裳，执戈扬盾。"如此忠义豪迈、威武煞气的守门将军，能显道会开路，自会踏平坎坷成大道，关键还在于乐意驻守村舍自家门前，那带来的还不是五雨十风、丽日清天？

　　其五，秦琼和尉迟恭。

　　秦琼和尉迟恭是和神荼、郁垒齐名的影响很大的一对门神。《清嘉录》认为是唐人小说的影响：

　　　　除夕夜分易门神，俗画秦叔宝、尉迟敬德之像，彩印于纸，小户帖之……家雪亭《土风录》云："俗多用秦叔宝、尉迟敬德，盖本唐小说也。"

　　元代无名氏《三教源流搜神大全》的描述则更为具体而传神：

　　　　户神，唐秦叔宝、胡敬德二将军也。按：传，唐太宗不豫。寝门外抛砖弄瓦、鬼魅呼号。太宗以告群臣。秦叔宝奏曰："……愿同胡敬德戎装立门外以伺。"太宗可其奏，夜果无警。因命画工图二人之象……悬于宫

披之左右门，邪祟以息。后世沿袭，遂永为门神。

不豫即天子有病的讳称。尉迟敬德作胡敬德。此二人为门神是唐时的辉煌让后人一再追忆，还是如顾禄所说是世俗小说对民众的渗透与影响？都有可能。总之秦琼、敬德身为门神而绵延古今，为百姓所喜爱。想想看，过去威风凛凛守护大唐天子，今日忠心耿耿守护平民百姓，面对宫殿茅屋之落差而仍一视同仁，这是什么样的情怀？什么样的眼界？在今天大江南北村村镇镇的春节门户上，到处都可看到这两位浩气长存的将军形象。而且不同的地域，将军仪态的门神也所在多是，譬如说起来就令人心神健旺的穆桂英，或是大名鼎鼎的关云长。

当然，门神的形象并不一定都是金刚怒目式的，也有和风细雨云朵彩虹式的。记得当年在凤翔师范任教，我让学生调查民俗，自己也自觉不自觉地田野作业。随访所见，时不时见到在门神的位置贴得却是雅致的鱼乐图，仿佛交响乐的氛围里突然听到轻音乐，霞光灿烂之余忽听月夜洞箫。问，说是只有女儿的人家，门神就贴这个。哦，无名无姓无功绩的女儿家与千古名流同为门神，如此众生平等的观念是多么深刻与超前啊！

真的是"霓为衣兮风为马，云之君兮纷纷而来下"。在这新与旧传递交接的特殊时刻，这种种自然与超自然意象被渐渐响起的锣鼓声鞭炮声惊醒，不只门神，除夕之日，灶神、土地神、仓神和牛马王等诸路神灵，都趁年节降临普通人家，呵护着平民百姓的庭院。那一幅幅图影神圣而崇高，为虔诚祈盼的目光所注视，不只在天地间，更在人的心灵深处弥漫起年节的温馨。

除夕仍有逐傩的余绪

旧时还有腊鼓逐疫的活动，谓之"逐傩"。也许门神只管门前，而户外更大的空间仍有恶魔厉鬼肆意横行，于是有了众人声势浩荡的逐傩免疫活动。关于逐傩，从史料可知，一般是戴面具扮为金刚武士、方相等，持刀执戟、众人击鼓呼嚷，以其威势逐除厉鬼、疫病。看来逐傩与门神当属同类的活动，只不过有静态平面的艺术图像与立体的人生实践之别。这种风俗很古老，也很神圣，基础是原始崇拜。据《论语》载，我们的圣人孔子见乡人逐傩，便肃立祚阶，毕恭毕敬，朝服在身。

笔者曾在贵州安顺、陕西宁强等地考察观赏过傩戏表演。那神圣神秘的氛围仍笼罩着原始文化的气息。随着近年非物质文化遗产的保护运动，人们渐渐知道傩戏在安徽、江西、湖南、四川、河北等省仍有遗存。在远古，傩戏在九州方圆亦应是普及的，而如今上述各地仅是珍贵的余脉，且大多数地区则风化式微了，或者只剩下年年村口敲击的锣鼓让人想象古代逐傩的场景。

更有趣的是，在后世的传承中，在中原一带，远古如狂如痴奔走呼嚷的逐傩表演遗存为神奇有趣的拦门杠子了。晋冀豫鲁皖及东北三省等地，除夕专设的门口拦杠，及至破五才取除。拦门杠的出现，是在迎祖先及各方神灵进门过年之后，人们对随队而来的不应进入者的阻击拦截。它与古代的逐傩表演应有渊源，或许只是后者的一小部分而已。二者自有动静之别：逐傩聚众呼嚷，奔驰追逐，将危害生存安全者驱逐远去；而拦门杠与门神等只是固守家门，让那些妖孽鬼怪望而生畏不敢进来。

在世俗意义上，倘有上门讨账的，一见贴上门神对联，放置了拦门棍，便退而回家过年去了。不逼人过甚，也让欠账者暂时松口气过一个年。俗语所说的"有钱没钱，回家过年"，暗含的意思似也落实于此。对此，《中华全国风俗志》引《河南沁源县之除夕》兼备人神，说得再透彻不过了：

> 除夕，中等之家，用红纸裹木炭两根，置诸门框两旁；贫穷之家以棍一条，置诸门槛外，谓之拦门杠。盖俗传一届年节，诸鬼怪相率出外，向人家索食，若见此杠便不择自去。

年画：亲切温馨的祝福

今天一说起年画自然会联想到俗信中的那些画张，一般命名为木版年画的便是。诸如门神、灶神及诸路神仙的画图都显得庄严而神圣，但年画却以其更为丰富和人间事象化的形式展现出向人间世俗推进的亲切与温馨。先实而后名，一件事物从出现到文献记载，一般还有相当长的历史阶段。或者可以说狭义的年画如门神、灶神、土地神等自是传承久远，而广义的年画应是兼容天地人神包罗万象的了。清代道光时李光庭《乡言解颐》"新年十事"里关于年画就说道：

> 扫舍之后，便贴年画，稚子之戏耳。然如《孝顺图》《庄稼忙》，令小儿看之，为之解说，未尝非养正之一端也。

后面还附有一诗：

> 依旧葫芦样，春从画里归。
>
> 手无寒具碍，心与卧游违。
>
> 赚得儿童喜，能生蓬荜辉。
>
> 耕桑图最好，仿佛一家肥。

年节总是应时而来，年画也是应景的模式化，但却不会引发审美疲劳。因为那浓浓的年味儿仿佛从画中渗出，新年似乎就从画里向人们走来。它能给儿童带来狂欢般的乐趣，憧憬的小心灵会像爆竹一样响亮在天空，朦胧中的祖先与神灵会在袅袅盘旋而升的香氛中给平淡的家庭染上光彩。可以说贴年画是过年的一项不可或缺的内容。

年画的选购张贴也是一幅充满生机的万家行乐图。旧时农村腊月末集市上，都有卖年画的；城市也一样，北京各庙会上到处都有摆年画的摊子。年画大体分为独幅和多幅条屏。独幅卖吉祥画的，如"招财进宝""吉庆有鱼"，前者画个大胖娃娃抱个大元宝，后者画胖娃娃抱条大鲤鱼；独幅戏文的，如"八猎庙""西湖借伞""水漫金山""三娘教子"等；独幅动物故事的，如"老鼠娶亲""五猪救母"。多幅条屏一般四幅一组，而每一条屏又分四格，这种分格的故事画，最常见的是"二十四孝""三国演义""封神榜"等等。不过清末以前，现代的印刷术还未传入我国，没有我们小时候所见的石印年画，大多是木版彩色套印的，大红大绿。近世以来年画的著名产地，在北方最出名的是天津杨柳青、河南朱仙镇、陕西凤翔、山东潍坊、河北武强等，南方有苏州桃花坞等。大张精美的"西湖十景""雄鹰镇宅图"等木版年画，一般都有现在大张报纸那么大。南方苏州桃花坞印年画的作坊也印灶王、财神、门神等彩像。《清嘉录》引《吴县志》记载说："彩画五色……远方客多贩去，今其市在北寺、桃花坞一带。"在清末民初，这种年画，大多已是彩色石印的了。邓云乡《黄叶谭风》回忆道：那时候过年逛画摊，买年画，也是过年的一个大节目；它不只是居室的装饰布置，在好多时候是幼儿的启蒙读物。他自己的济公故事就是这样"自学"

的：过年在年画摊上买了四条《济公传》年画，一条四格，四条十六格，画的都是《济公传》故事，贴在墙上按次序一格格看，过完正月，就把《济公传》看完了。

自古代而近代而现代而当代，社会在轰轰烈烈地前进与发展，民俗文化却仍在悄没生息地传承。一直到二十世纪五六十年代，年画仍兴盛不衰，而且民间互相赠送年画贺年蔚然成风。在笔者的小学时代，逢年过节，乡里乡亲，同学朋友，你来我往，彼此赠送一卷画张，或者小小的贺年片。还有的赠送老师一幅画以恭贺新年。那年画并非传统门神灶神（神仙谱系的年画已渐次淡隐），而是商店里出售的艺术画张。到了1960年代，这种互赠画张的习俗渐次式微，也许是赠送曾经的画张形式有点古旧，不适宜那特殊激越的年代，也许是民众心里因画张太单一引起的审美疲劳吧。确实也是，一家一下子接那么多单调的画张，贴了中堂贴炕围，满房子满墙贴满也贴不完，贴也不是，剪破包书皮吧又不敢，当垃圾扔了更不妥，似乎隐隐悬在心头成为一大负担。也许正是因此，这种远古传承而来的风俗就不约而同地淡隐消失了。已经好久好久了，新华书店没有那种悬挂多种多样的画张的情景了，或许就因这样的缘故？

春联：凝聚天地人神的叙述

春节要贴门神，但门神画起来却不很容易。为简便起见，魏晋南北朝时期，人们便在桃木板上分别写上"神荼""郁垒"的名字，却也自然成对。据宋黄休复《茅亭客话》载，五代时后蜀，每至除夕，诸宫门各悬桃符一对，一般都题上"元贞利享"四字，以图吉利。宋张唐英《蜀祷杌》说最早的春联是孟昶所题，这位南国皇帝先命学士辛寅逊拟联，因不满意遂自撰一联：

新年纳余庆

佳节号长春

简单看来，明明辛寅逊的撰联在先啊！后人遂困惑到底谁是第一联作者。其实，春联是自带仪式感的民间文学，它有一个完整的呈现过程。辛寅逊的撰稿未曾书写与悬贴，仿佛未经排练演出的一个戏剧案头本而已，而孟昶则是一个完整的春联呈现，二人相较，自然人们认可孟昶的创作。在没有发现更新的资料前，这就是人们公认最早的春联了。

其实对联的起源可以向上追溯。在我看来，西晋就有了口头对。青年作家陆云与荀隐拜见张华时，就按张华要求的"共语"模式自我介绍为一联："云间陆士龙，日下荀鸣鹤。"据《文史知识》（1991年第4期）谭蝉雪文，敦煌遗书斯坦因0610卷似透出了春联的消息：

> 岁曰：三阳始布，四序初开。
>
> 福庆初新，寿禄绵长。
>
> 又：三阳□始，四序来祥。
>
> 福延新日，庆寿无疆。
>
> ……
>
> 门神护卫，厉鬼藏埋。
>
> 书门左右，吾党康哉。

这应该是一个春联的案头本，或叙述文本。它标示了节日归属，又说明其书门左右，与门神相得益彰，这就将春联的仪式性与文学性特质全然托出。如此清晰自如的表达，显然应出自春联成熟与普及的社会中，但它却是至今为止发现的最早的春联资料。据此，似可以说春联的出现不晚于唐代。

到宋代，桃木板上写春联日渐普及。既自带桃符辟邪之光彩，又蕴含抒写襟怀之温馨。王安石诗《元日》所写的桃符便是门神兼春联的综合体。据宋张邦基《墨庄漫录》，苏东坡被贬黄州时，临近除夕时到东湖造访友人王吉甫。见其正忙门神春联之事，便提笔戏题一联：

> 门大要容千骑入
>
> 堂深不觉百男欢

《岁朝佳兆图》，明宪宗朱见深所绘。图中钟馗手持如意，一随行小鬼双手托着放有柏枝与柿子的盘子，取谐音"百事如意"。悬挂钟馗像是年节时一项重要的风俗活动，用以驱鬼辟邪。

而《宋史·五行志》则述及春联从大门向寝门延伸："每岁除日，命翰林为词题桃符，正旦置寝门左右。"而到了明朝，春联便是自上而下的命令了。据明陈尚古《簪云楼杂说》，朱元璋虽出自寒门，却稍有文才，也酷爱春联。定都金陵后，临近除夕时传旨天下："公卿士庶门上须加春联一副。"文件发布不算，还要微服私访，看看基层是否落到实处，执行态度怎样。遇一文盲阉匠家门无联，遂兴致大发，撰题一联："双手劈开生死路；一刀断开是非根。"不知这位逆袭成功的皇上是否想创造名人逸事增益光芒，总之这一故事传播率颇高，直到今天仍是联界一再提及的话题。

光绪年间《德安府志》记载，除夕"家家大门贴神荼郁垒，曰门神，并以红笺书吉语，曰春联"。可见桃符重在避邪而春联重在求吉。《燕京岁时记》说：

> 春联者，即桃符也。自入腊以后，即有文人墨客，在市肆檐下，书写春联，以图润笔。祭灶之后，则渐次粘挂，千门万户，焕然一新。或用朱笺，或用红纸，唯内廷及宗室王公等例用白纸，缘以红边蓝边，非宗室者不得擅用。

联意讲究吉祥，形式也分外讲究。汉族自周以来以赤红为吉祥，而满族则尚白，这里便有了特殊的强调意味。在一般人家来说，倘若无法求得写字的也要以表示吉祥的红纸贴出。春联的形式便是一切，甚至就是一种神圣的仪式。旧时更有不识字的人家挂春联，便以碗底抹油拌锅底灰扣圈代字的，或买来红色对联纸庄严地张贴上去以彰显仪式感。20世纪60年代笔者曾在关中农村多次见过这样的春联。

当然，绝大多数春联是有联语的。因为春联以春节为旨，这就从根本上规范了它的总体走向与风致。传统春节讲究的是祥和温馨红火喜庆，在敬祖礼神的氛围中更有崇高意味。为营造这一境界，传统过年时诸多禁忌，开门见喜，祝福贺寿，不说破茬话，古今春联因此形成了乐观的颂歌模式，它从某个层面彰示人们祈福扬善、珍爱人生的心情意绪。此或陶冶于农耕文明的周而复始播种希望的生产模式，或受惠于《周易》"天行健君子以自强不息"的奋斗精神，或浸润于儒家"知其不可为而为之"的乐观态度等。知道这些，便知春联中为何少见凝重反思、石破天惊式的作品，因为自古而今，人们也没有这样的创作传统与欣赏准备。试举几例：

一元复始

万象更新

三羊开泰

五福临门

物华天宝

人杰地灵

忠厚传家久

诗书继世长

家吉征祥瑞

居安享太平

　　除了长长短短的春联，还有春牌春旗春条等。春牌即是半方彩纸写福字或剪为福字，张贴于门扇照壁等处。

　　春旗即门旗，又称门签。春条即用小型的红纸条写着各种各样的吉祥话，或墙壁或树身或门侧或照壁，总之有兴致者往往会贴满家里各个角落。春条因位置不同内容也各异：

供桌——宜春、纳福

大门——大家恭喜、恭喜发财、招财进宝、出入平安

院落——满院春光、开门见喜

树身——树大根深、根深叶茂

米缸——满、五谷丰收

厨房——山珍海味

商店——日日见财、财源广进

石磨——白虎大吉

石碾——青龙大吉

车上——日行千里

粮囤——米麦满仓

桌子——日进斗金

衣柜——衣服满箱

床头——身体平安

猪圈、鸡舍、牛马棚——六畜兴旺

　　2008年春节笔者在陕北米脂姜氏庄园采风时，看到邻近人家门外枣树上贴着"年年结枣"的祝祷语，红艳艳的春条，话语如此平实而富有韵致，让人眼前一亮。

　　可以清楚地看到，春联自有其疏放率性的一面。传统的生存模式下人们多言行内敛，深沉低调，有爱好向往也不敢宣示，恐被人嘲笑了去。而春联却以它欢乐颂的形式松脱拘谨，直写美好的希冀，一派烂漫天真，掀开了最广大人民群众的心窗一角。撰书悬帖者抒怀以庆佳日，管理者以此察览民风，交往者以此满足亲和需求，欣赏者以此品味文意书道画趣，真可谓"联门深深深似海"，可涵融天地，可润泽人心。于是，那说到心坎上的祝福春联，以标准化的格式在私人宅第前年年显现而不曾消失：

"天增岁月人增寿；春满乾坤福满门""儿童院落做游戏；老人屋内话家常"或许平仄不论，却也是大有老庄风度的家庭乐园图，这是不知秦汉无论魏晋的亲切随意、自在从容。商家呢，百年来不变的是典型的祈盼发财之联"生意兴隆通四海；财源茂盛达三江"。此际的联语庄严而神圣。倘以《诗经》为喻，它不是"乐而不淫，哀而不伤"的《国风》，也不是"怨而不诽"的《大雅》《小雅》，而更像天地人神同时在场的颂歌。此际的联语创作是理性、阳光的，向着希望延去展开，没有意识流的朦胧。于是，虽说年年如此，仍然心仪如初。它不是纯文学性纯艺术性的，而是有着神圣的命运的宣示与展演。至于民间传说的一些贫者调侃意味的春联，如"咦？谁家放炮；噢！他们过年"只不过是平时一些边缘化的传说而已，很难真正在春节之际登堂入室，即便在某一角落显现，也不会为人跟风而形成潮流。我曾见过20世纪60年代关中农村一春联："说什么新春旧岁；也不过昨夜今朝"，横批"又是一年"，那在平淡雅静的话语中渗透出的幽远反讽的意味，自是另类，与时代的含蓄对话，自然会出现冲撞而难得推广普及。

在好多地方，贴春联并不是一个单独的行为。闽南一带乡村农家，房多门多，除了贴春联外，房门两侧还要搁置两株贴红纸的连根甘蔗，叫"门蔗"，寓意生活一节更比一节甜，且有渐入佳境的人生预兆。厅堂中案桌摆有隔年饭、长年菜、发糕，并插上用红、黄两色纸扎的"春枝"，寓意饭菜长年丰足，吉祥发财。每家要把薯藤柴枝堆垛大门外，点燃待其烟绕火旺，男人依辈分跳过这堆火焰，边跳边念："跳入来，年年大发财。跳出去，无忧共无虑。跳过东，五谷吃不空。跳过西，钱银滚滚来。"这叫"过火群"，象征烧掉旧岁的邪气，消灾过运，迎来干干净净、大吉大利的新年。而西安理工大一位教授朋友曾告诉我，说在他的家乡，关中西府，倘有小孩偷偷将人家春联撕一小片，涂上脸蛋儿，则会带来漂亮和吉祥。他幼年曾经历过吗？呵，如意可心的春联啊！

祭祖

祭祖就国家来说，并非单纯地纪念祖先，而是一种象征权力和秩序的仪式。《礼记·王制》说：

> 天子七庙，三昭三穆，与大祖之庙而七。诸侯五庙，二昭二穆，与大祖之庙而五。大夫三庙，一昭一穆，与大祖之庙而三。士一庙。庶人祭于寝。

先秦时代，人去世葬之中野，不树不封，只能以宗庙祭祀且等级分明来梳理社会秩序。除夕祭祖，无宗庙的平民百姓只能在家中祭祀祖先。后来葬制变化，坟墓祭祀和家中祭祀便合二为一。北方农村的除夕，人们纷纷上坟祭祖，一挂长鞭响彻黄昏，黄表纸在火舌的吞卷中化为泛白的灰色，似乎进入另一境界。做儿女者虔诚磕头礼拜，意在告诉祖先年节来临，晚辈们请祖先回家过年了。回家则以供桌献饭，焚香燃烛祭祀，在神龛悬挂先人轴，有画像，也有列祖列宗的名讳，自上而下，一代一代排列下来。在这里，可以从自己的曾祖太祖一直追溯到古远，现实与过去以真切的血缘纽结起来，每个生命因此增益了不曾意识到的历史深度。中国历史从古到今不曾间断，与这种传承数千年的祭典仪式有着内在的关系。

除先祖的忌辰外，每逢传统节庆日，子孙后代都会通过祭拜来召唤先祖的灵魂，除夕更是这样。人们相信凭借这种特殊的仪式能和逝去的亲人再次相聚，并借此祈愿得到先祖在天之灵的庇佑。在北京，除夕这一天更是忙碌，祭祖、接神、接灶……从祭神拜祖的仪式开始，整个北京城便淹没在一片震耳欲聋的爆竹声中。人们还在自己家院子里铺上芝麻秸，全家人都去踩，叫"踩岁"，取长命百岁之意。除夕在台湾地区不叫"除夕"而叫"过年日"，当日午后，各家张灯结彩，备牲醴、菜碗、果类祭祀祖先和神明。供品中一定要有年糕，表示年年高，步步高，事业发达；还有的饭上插春花，称为"春饭"，据说当地的方言"春"和"剩"谐音，表示"富裕"，再加一碗"长年菜"。这些供品都有吉祥的意义。

通常将除夕当天下午祭祀祖先的仪式称作"辞年"或"辞"。除夕祭祖是民间大祭，有宗祠的要开宗祠。祭祀前的门联、门神、桃符均焕然一新，并要点大红色蜡烛，全家按长幼顺序拈香，感谢神明和祖先一年来的庇佑并求来年多福。在贵州安顺屯堡人的年节中，迎门的厅堂神龛前，张贴大红纸，墨书大大的"天地国亲师"，两侧以小字体写着三地三界十八佛诸佛或天地诸神和祖宗名讳，设蜜供、面鲜、果品、素菜、年糕、年饭之类为供品，高点金字红烛与子午香，以表迎请诸神下界赐福。将传统的"君"更替为现代意味的"国"，更让人觉得传统是与时俱进，不断向未来延伸的。

团圆饭：一年一度的餐饮仪式

当彩灯高悬、繁星闪烁之时，当爆竹声或起或落之时，一家人则团围桌前，吃一顿团圆饭。在传统的意义上，大年三十的团圆饭，是要和回家过年的祖先一起吃的。于是先要在供奉祖先处上香叩拜，鸣鞭告知。然后才是全家老少围坐，投箸举杯，细品美食之味，享受天伦之乐。年幼者此际自会随长辈追溯历史，当下与曾经，自己与先祖，直截了当地融汇起来。生命的个体自觉成为历史链条中的一环。国人的历史感强烈，往往由此潜移默化而来。人人在祖先面前是平等的，和睦的，受到充分关注的。这就是节日的真正内涵，就是拒绝人与人之间的隔绝状态。这一家或是父子或是母女，或是兄弟姐妹，甚至是夫妻，因学习工作，因出差或其他事由而分离开来，好久没见面了，久久的思念因节日欢聚而释怀，贮藏在胸的话语因团聚而敞开。彼此相亲，充满爱意，说笑逗乐，热热闹闹，无拘无束，相看不厌。团圆对亲情是一种润饰美化，团圆对个体是一种涵容滋养。这就是节日，节日意味着与日常生活方式不同的生存方式。记得伽达默尔在《美的现实性》中说过，如果说日常生活使人们分离，节日则将人们重新聚合起来。节日就是把一切人联合起来的东西，它因此而增生了平常日子所不曾有的意蕴与趣味。

在台湾，丰盛的年夜饭叫"围炉"，一家人围坐一桌，桌下放置火盆。围炉为除夕带来高潮，远在他乡的游子，除非万不得已，再远再忙也要赶这顿团圆饭。之后又有消夜，指守岁时的糖果点心，也叫"压岁盘"。这种风俗在宋代是比较流行的，宋薛泳《青玉案·守岁》词云："一盘消夜江南果，吃果看书只清坐。"宋吴自牧《梦粱录》也记载了这一习俗：

是日（除夕）内司意思局进呈精巧消夜果子合，合内簇诸般细果、时果、蜜煎、糖煎及市食。

那果盘自是美味佳肴，但它在除夕之夜就有了超自然力的神性，其意义绝不限果腹之欲的满足。民间在除夕夜里食用，自是别有意味的。例如，吃柿子就叫"吃忍柿"，意即吃了渐渐戒除孩童的任性，要增益涵养，凡事会忍，不打架不骂人。如果这个孩子素质好平时没有这些毛病，可能会爱哭、遇事软弱什么的，那么忍柿的内涵就延伸开去，食用之后会增益坚忍顽强之志。

2008年3月，一个年轻的朋友郑四团曾告诉我当年吃忍柿的情形。于是有了一段QQ中的对话：

张子16:09:54

除夕有过守岁吗？

郑四团16:11:02

很小的时候守过，困得撑不住。

郑四团16:11:24

吃忍柿。

张子16:17:44

忍柿怎么吃？几个？

郑四团16:18:22

吃忍柿，本来是说，就是新的一年，小孩子要忍住少骂人，但是我本来就不骂人，对我没有意义。但我小时候喜欢哭，家人就把这个意义转移了，说吃了忍柿，新的一年就要坚强，不能不如意小委屈就哭鼻子。

郑四团16:19:16

没有要求，但是至少每人吃一个。

张子16:19:33

呵呵，一大发现，吃忍柿的新内涵。是普通的柿子吧？

郑四团16:21:02

是冻了一冬天的，有时候拿出来结着冰，先要用热水泡开，洗洗。

张子16:21:49

那就如同火晶柿子一样软而甜吧？

吃忍柿，多么清新温暖的仪式，多么甜蜜的回忆！对于小孩子来说，吃多少忍柿是没有限制的，但它积淀着一种潜意识的暗示与提醒。那冻了一个冬天的、放在温水里暖开的、红彤彤软乎乎甜丝丝的柿子，此时此地吮吸吞咽下肚，弥漫开去的是点化洁净身心的功能。因为在除夕夜，那吃忍柿的仪式，便使得纯美的物质享受转化为精神的净化。

消夜从古代传承至今，已经由节日漫延至平时，如广东至今的夜市饮食店就叫"消夜"。而在原初，大年夜的守岁仍有着神圣的意味，消夜是供守岁用的。一盘消夜摆到桌上，家人聚坐，或嬉戏歌笑，或细语商量，静待新年来临，这便是守岁。

守岁：面对时间的敬畏意识

守岁也叫"坐年""熬年"。

晋周处《风土记》有"至除夕达旦不眠，谓之守岁"。李世民《守岁》诗有句"共欢新故岁，迎送一宵中"。宋代的孟元老和周密都谈到这一习俗。孟氏《东京梦华录》："至除日……士庶之家，围炉团坐，达旦不寐，谓之守岁。"《武林旧事》卷三云："至除夕……小儿女终夕博戏不寐，谓之守岁。"光阴如流水，东去不复回，而除夕之夜粘连双岁，如此神奇神秘，倘熬过一夜便是贯通两年，有趣吧？

其实在伊达默尔看来，所谓节日就意味着这样的一个时刻——人们从繁忙的日常生活时间流里游离出来而具有自己的时间结构，因为学习与工作等往往使时间与生命的感觉背离。我们不是经常说，不知时间到哪儿去了，一瞬间，一周过去了；一晃忽，一两个月过去了；不知不觉，半年一年过去了……甚至有了《时间都去哪了》这样回首平生的惆怅之歌。而节日则是定期出现的心理医疗时刻。时间在这里，不再像往常那样于繁忙中悄悄流失。当新年即将来临、开始倒计时的时候，当一家人融融乐乐守岁的时候，时间因节日仿佛被按下暂停键。节日的时间兼融天地人神所有，成为被每个人真正占有的时刻。它成为真正可触可摸的欢乐与期待，沉醉与幸福，仿佛神仙的手指，所触及的一切都会像黄金一样熠熠生辉。

东北年俗，男女老少都要彻夜不眠，进行各种娱乐活动，谓之"守岁"。孩子们历来是随心玩耍，抖空竹、抽陀螺、捻升官图、掷骰子、玩牛牌、吹琉璃喇叭、吹口琴、耍影戏人、点走马灯，放"滴滴金儿""耗子屎""黄烟带炮"……老太太们则坐在一起斗纸牌、打麻将、打十胡。娱乐中佐以鲜果、糖果、干果杂拌儿、温朴、炒红果、蜜饯海棠等，边吃边玩，尽情享受，直至"接神"。

守岁的含义，历代先贤自有思考。或说守岁与除夕的其他厌胜活动相关，具有原始信仰色彩，而具体内涵则诸说纷纭。或说有珍惜光阴之义。明沈榜《宛署杂记》卷十七说："宛俗除夕，聚坐达旦，有古惜阴之意。"是的，一寸光阴一寸金，如水东流何处寻？值此辞旧迎新夜，点滴能不惊于心？或说为来年精神健旺。俗说能熬过年夜者一年不乏困，否则一年容易"走魂"。这是一夜精神、一年精神的思维延展。也许，多一番年夜的感悟与思虑，新的一年精神面貌大变、底气丰沛确是可能的。或说为长辈添寿。总之将其所指愈具体化，愈能鼓励更多的人加入守岁的群落中去。

宋金盈之《醉翁谈录》卷四说：

除夜，京师民庶之家，痴儿呆女，多达旦不寐。俗谚："守冬爷长命，守岁娘长命。"

　　在台湾，年夜饭后，便高燃蜡烛来守岁。儿媳妇为长辈们添富寿，不能早睡，坐得越久，长辈们得富寿越多，这是表示孝心。总之，这一夜的守岁，成为象征色彩极浓的仪式，是珍惜光阴的流连，是显示一年间生命活力的预演，是为父母添寿祈福的痴诚。而天下为父母者，更多的意愿则是儿女顺利成长，快快乐乐走向前去。

　　守岁是对新年开端的敬重，也可获得心灵深处的激励。这一仪式充满了生命的感兴，充满着欣悦的期待。等大年如期而来，人们希望旧有的一切流失归零，一切都可重新安排。人生好像重搭台子另唱戏一样即将全新而隆重地开场，仿佛种子落地萌芽将再现生命的蓬勃，又如棋牌打过之后重新布局重新发牌，谁能不兴致勃勃地在这即将到来的从零开始的时刻彻夜长守呢？

　　压岁钱，又叫"代岁钱""带岁钱""岁岁钱"。清钱沃臣《压岁钱诗》自注："俗以五色线穿青钱排结花样，赉儿童压胜，曰压岁钱。"看来压岁钱在古代是浇铸成钱币的样子作为厌胜钱存在，并非市场流通的钱币。钱正面有"万岁千秋"之类的阳文，或者刻龙凤、玄武等图纹，那是长辈赠予的作为佩戴的品物，用以压服邪魔的。在传承中，压岁钱的实用性渐趋上风，成为一种亲情爱意的表达。旧时压岁用铜币。清沈太侔《春明采风志》：

> 压岁钱，以红绳穿钱作龙形，置于床脚。又凡尊长赐小儿者，亦谓之押岁钱。

当人生的一些活动成为仪式的时候，平常的情景也会变得庄严而神圣起来，意义陡增，新鲜而深邃。人们当时沉浸其中，过后回味不已。对于压岁钱这一情景，孔德懋身居孔府若干年后，在《孔府内宅轶事》中的回忆还是那么具体而亲切，温馨而令人怀恋：

> 年三十晚上大人们要给我们三个人"压岁钱"，装在红纸袋里，写上长命百岁，放在枕边，还要在我们每个人的景泰蓝食盒里放上用粘米面做的如意、小柿子、橘子等食品，大年初一我们一醒来不许说话，先要用手摸摸这些东西……

吴曼云《压岁钱》诗更是这一狂欢时刻儿童心绪的直写：

> 百十钱穿彩线长，分来角枕自收藏。
>
> 商量爆竹谈箫价，添得娇儿一夜忙。

除夕夜还有一个重要的仪式便是扮饰摇钱树。据《燕京岁时记》，摇钱树是"采用松柏枝之大者，插于瓶中，缀以古钱、元宝、石榴花等，谓之摇钱树"。《清嘉录》称之为"老虎柏子花"。到了年夜，用柏叶点缀以铜绿，剪彩色绒布为虎形，扎成小朵名叫"老虎花"；旁边缀些小老虎，叫"子孙老虎"；再缀以"寿星""谷子""招财进宝"和"麒麟送子"之类，称为"柏子花"。闺中妇女多买些"老虎柏子花"互相馈送，并作为新年小儿女的装饰。

在漫长的历史中为温饱所困的国人，对于摇钱树的传承是认真的。而今天，据我的学生，青年学者王玲博士带来照片并报告，摇钱树在她的家乡山东高密等地仍普遍存在，只不过柏枝变为桃木了。也许是桃枝能避邪的缘故吧。除夕时家家户户到街上购得桃枝扮饰为树，只不过形式与时俱进，枝上点缀纸币和彩纸折叠的元宝。与此同时，我的学生宋亮亮、李敏等一些高校教师从青岛、高密、烟台和日照等地带来的年画，让我知道当地的摇钱树已从家中的摆设变为艺术年画中的意象。我知道，那是自远古神树演变而来的摇钱树，那是木刻印刷的摇钱树。一树贯通天地，巨龙缠绕树身，元宝古钱成串悬垂，好一派富丽堂皇的喜庆景象。

除夕之日，辞旧而迎新，一日界别两岁。在这庄严时刻，各地风俗大致相同但也有许多别开生面的讲究，如开封等地区有"文官封印""武官封操""商业封门""说书的封板""讨饭的封棍"等习俗，类似于后世的放假吧。而一般庙宇则更具诗意，遵循远古的习俗，击钟以分岁，如苏州除夕守岁时，千门万户会等待着枫桥寒山寺的悠悠钟声。当钟声穿过沉沉夜色，穿过除夕的时空隧道，就标志着新春的来临。蜂拥而来的民众们则迫不及待地紧追钟声，要抢先点起新年第一炷香了。

第五章

大年初一

太阳从地平线升起

如前所述，从广义说，春节是一个相当长的节庆时段。从狭义说，春节指正月初一这一天，或可与除夕并称为"大年"，郑重其事地称作"大年三十"与"大年初一"。春节原称"元旦"，即岁首的第一天。据记载，公元前两千多年前的某一天，舜即天子位，率领僚属祭拜天地。从此人们就把这一天当作岁首。岁首的名称，远古时期因朝代而异：唐虞时称"载"，取万物终而复始之意；夏称"岁"，取岁星年行一次之意；殷称"祀"，取四时祭祀完终之意；周称"年"，取庆祝禾谷成熟之意。不说别的，光这四层意思叠加起来，这年的味道就够厚重浓郁的了。

一般说从除夕到正月初五为过年的大日子，而大年初一则是这大日子中的重中之重，是过年的焦点时刻。这一天，人们由内到外焕然一新，头脑如同嫩叶挂满露珠一般新鲜亮洁。由此开始，四围的一切，包括人的心态都有脱俗入圣的升华，如不说破莅话的语言禁忌，不动扫帚的行为禁忌，等等，甚至此际的垃圾也晋身为财富的象征。一直到破五那天，祖先、神灵归茔后天地万物才恢复为世俗之身。

春节名分的演进

自从太史公制订太初历，重新确认夏历的岁首，春节这一节日便沿袭下来了。辛亥革命后，中国历法施行双轨制。数千年传承的农历"元旦"称谓便让位于公元纪年的岁首，而自家传统的年节便更名为"春节"（而这一名称也是从二十四节气立春中挪借而来）。1949年后延续了这一改革，在历法上与国际同步。但亿万民众却出于传统惯性，对公历元旦没有什么感觉，仍将阴历春节作为中国人最高级别的节庆之日。

春节原称"元旦""元日"。王安石写的那首著名七绝咏年节诗即以此命名。"元"是初、始的意思，指岁首第一天。"元旦"一词最早出现于《晋书》：

> 颛帝以孟夏正月为元，其实正朔元旦之春。

沿着这一思维，这天又被称作"三元"。历来解释为岁之元、时（季）之元、月之元。这种称谓虽强调了这天的独特地位，有着诗意的联想空间；但也容易与传统节庆的上元、中元与下元这"三元"混淆。

重要的日子，人们就会爱心爱意地关注，从不同角度欣赏与描述，于是春节就有了许多美丽的别称：如"三始"啊，"三朝"啊，仍是"三元"的命名模式；如"端日"啊，"岁朝"

啊，"正日"啊，"正旦"啊，等等别称，就严肃多了。这一日是一个伟大的起点，自然也是所有日子的范型，大有引领天下的意味。

在春节的许多名字中，还有影响很大的一个名字——鸡日。它不仅是一个别异的称呼，还象征了一个神秘博大的神话世界。据三国时董勋《问礼俗》等文献记载，在中国传统神话中，上天正月初一造鸡，初二造狗，初三造羊，初四造猪，初五造牛，初六造马，初七造人……

于是乎，鸡日的命名，为春节建构起了一个神话平台。种种相应的民俗事象渐次展开，许多至今仍在活态地传承着，如正月初七的人日在今天仍作为一个重要的节庆活动，等等。这一点容后再述。

且说以鸡命名大年初一，遂导致了以雄鸡图贴门的年节习俗。《风俗通》说："以雄鸡着门上，以和阴阳。"雄鸡鸣而调和阴阳，似从其一鸣而晨、一鸣而春含义上着眼。《荆楚岁时记》记载：

贴画鸡，或斫镂五采及土鸡于户上，悬苇索于其

上，插桃符其傍，百鬼畏之。

雄鸡图不只引发形式美感，还具备超自然的神力避退邪恶。一般鸟儿，鸣叫呼应于树荫花下、晴空檐前，虽自然优雅，却无

此大气磅礴。谁不知雄鸡一唱天下白？它的鸣叫能颠覆黑暗，一个光明的世界随之来临。在人们的观念里，鬼魅一般隐藏于暗处，麋集于长夜。夜半静寂之时，出于对光明的期待，起初或有一只雄鸡高唱，很快便此起彼伏，推波助澜，由眼前到天边，俨然一部响彻天地的交响曲。沉睡的太阳因此苏醒，将从东方升起。光明降临，鬼魅将无处藏匿，能不畏惧万分吗？那雄鸡响亮的鸣唱，对于它们直如败逃之落叶畏惧凛冽秋风。如此充满张力的境界恰似文明冲突与理想期待的象征。

清周亮工《书影》中也谈到了这一现象：

> 今都门剪以插首，中州画以悬堂，中州贵人尤好画大鸡于石，元旦张之。盖北地类呼吉为鸡，俗云室上大吉也……

记录春节画鸡民俗，是难得的，但解释却未深究。如死水微澜一般，思维格局狭小，多以谐音释义，似轻浅了。清代学人虽也挖掘了某些民俗事象的次生意蕴，但总是浅尝辄止、望文生义，往往忽略了事象背后厚重的文化底蕴。清代学人多出学者而不出思想家，于此可见一斑。

新年新衣，塑形塑神

作为春节时段的焦点时刻、核心节点，人们的重视程度无论怎么形容都不过分。"千门万户曈曈日，总把新桃换旧符。"宋人王安石颂祝新年的诗句描述了贴新门神、写新春联的情景。其实在可意识到的深层次上，何尝不是一个全方位的象征性表述呢?

此际的人们涌动着莫名的兴奋，情绪高涨。将净化仪式落实到居住环境的细枝末叶，打扫房屋院落，粉刷墙壁，装饰门窗，扎绑顶棚，裱糊墙围炕围……任何一个角落都全然刷新而不会忽略遗忘。当居住环境从外而内都焕然一新的时候，每个人的着装也就自然提到议事日程上来了。

这是一个全民族的新衣盛会。帝王将相达官贵人自有人料理，也有规模宏大赐衣穿戴的仪式，而平民百姓只能是自力更生。在男耕女织的家庭分工背景下，全家人的新装都在女主人的两只手上。一盏青油灯，窗影动刀尺;慈母手中线，全家新年衣。在我的幼年，那冬日的炕头，多少个不眠之夜，母亲裁剪布料，穿针引线，身影投射在蓝灰色砖块型炕围纸所装饰的墙上。而这身影，吸引着我期待布料渐次成衣的眼神，更容纳着新年新衣步出家门的自得想象、上下一新拜年走亲戚欢笑一路的畅想。那温馨的屋宇，低响着母亲的吟唱。

岂止是现实中平民百姓的新年制衣，就是历史上，上层统治者也会有这方面的诸多记忆与描述。曹植《元会》描述新年新衣：

> 初岁元祚，吉日维良。
>
> 乃为嘉会，宴此高堂。
>
> 衣裳鲜洁，黼黻玄黄。

笔者所著《诗语年节·元日衣冠样样新》叙述颇详。这是一个全民族的新衣狂欢。虽是官场，仍着意于衣裳焕然一新鲜美明洁，不难看出民俗的强大力量。

六朝时元日的"悉正衣冠"显示这一习俗的普遍性。

刘禹锡《元日感怀》诗句"燎火委虚烬，儿童炫彩衣"，直写唐时儿童新年彼此炫耀新装笑闹狂欢的情景和心态。

杜牧所写"尘世难逢开口笑，菊花须插满头归"，既是远古花崇拜的传承，又是古代戴胜习俗的沿袭。男性簪花的习俗，根据文献史料，最早出现在南北朝，兴于唐朝，风靡于两宋。

而根据《东京梦华录》记载，宋代汴京大街上"卖花者以马头竹篮铺排，歌叫之声，清奇可听"，"游人如织，子弟多有簪花者"。尤其从真宗开始，每逢岁时年节或者有说头的什么日子，皇帝便赐花给大臣。是的，真是这样，就像18、19世纪欧洲贵族男子流行粉色，唐宋男子簪花成俗。若历时性观照，节日簪花或许挪移到窗花礼花，而寿庆簪花、嫁娶簪花却一直沿袭至今日。而在当时，且不说上到天子朝臣，下到平民百姓，服饰上要簪戴鲜花张扬一番；就是出家的僧尼，也要感应自然的节律，头上簪戴盈盈一朵呢。据清庄绰《鸡肋编》记载："市中亦制僧帽，止一圈而无屋，但欲簪花其上也。"

明朝北京人新年头上戴"闹嚷嚷"，人们用乌金纸做飞鹅、蝴蝶、蚂蚱之形状，大如掌，小如钱，叫作"闹嚷嚷"，男女老幼头上各戴一枝。有富贵者插满头，仿佛不如此不足以尽兴，不足以宣泄狂欢之乐。

民国《新乡县志》载，元旦五更起，"无论贫富老幼皆更新衣"……

是的，核心节点换新衣，节日互相扮饰，中外一理。生命的狂欢时刻需要衣饰的辅助，需要形式上的仪典。这是人们心情意绪的感性显现，仿佛重温童年的美饰梦，仿佛重返自我崇拜期与求偶期。天地间，四周的一切突然变得那么新鲜，无美饰似乎愧对这个神圣而优雅的环境。

于是乎，强调以全新穿着来迎接新年就有了特别的价值。更何况，除夕时分祭祖将祖先和天地诸神请来过年，"霓为衣兮风为马，云之君兮纷纷而来下"。天地人神同时到场，能不郑重其事？能不神圣庄严？能不衣着崭新吗？同时，新衣的鲜艳，意味着每个人在天地初始时分都是一个重要的值得被关注与赞扬的角色，特别是年幼年轻者。笔者幼年就是这样，除夕之夜从母亲手中接过自己的新年之服，一道热流涌遍全身，莫名的兴奋不知如何宣泄。看了又看，捧来摸去，反复比试，最后悄悄折叠置于寝枕之侧，等待着窗纸微明元日的来临。因为新年服饰也是一种仪式，只有在初一早晨才能穿戴呀。再说普天之下男女老少都如春叶春花一般簇新靓丽，新衣与新年同时呈现，才算应时，才算得体。即便旧衣，也得拆洗漂染去除旧貌。倘有破损也必补缀求得浑全。这是一年的预兆，这是命运变化的起点，众人求新我岂能落后？四季轮回的法则天地人神无不遵从。服饰整合社会的功能由此可见一斑。

确确实实，其实谁能清楚地意识到这新衣美饰，就是节庆欢娱的仪式之一呢？一个新的世界展现在面前，新天新地新岁月，作为主体的形象能不焕然一新吗？这里的着装，成为特殊的服饰仪式。在春节特殊的氛围里，既往的服装常规被打破了，刷新了。着装的意味被引向另外一个崇高乃至神圣的世界。

在这里，衣装的新鲜，不只改变了着装者个体的外观形象，而且让着装者以全新的姿态迎接全新的时间。无论在家庭还是熟悉的社区，新年新衣的讲究意味着每人的视觉形象突然升格，平素可能的简单粗陋无条件地让位于齐整新美，服装显现出生命的感兴作用和万众归一的规束功能，从而让每个人以全新的样态融入服饰狂欢的境界。

当然，从古至今，并非所有人的感受都那么同步、那么单纯，但作为新年狂欢式的仪典，着新装却如同上天律令般成为民众普遍遵从的规矩。宋苏轼《古今体诗六十三首·和子由除夜元日省宿致斋三首》其二："白发苍颜五十三，家人强遣试春衫。"年岁逐渐老迈，慢慢有着"无情岁月增中减"之感，新年的神圣氛围和新鲜感受渐渐让位于某种黯淡的心绪，而不像年幼时那么企盼，那么欢呼跳跃着换上新装，但这番心思又不好说破，只能在被动中让家人给换上春衫。这似乎是无奈，似乎是被动，而这场景又伴随着多么温馨多么亮丽的人生色彩啊。

迎春的爆竹响彻古今

大年初一首先要做的是燃放爆竹以敬祖。

爆竹声一般从腊月开始就陆陆续续响起。在村口，在街头，在清晨或者黄昏的时分，那脆响的声音过后，或浓或淡飘来硫黄火药燃烧的味道，伴随着孩童们奔跑的脚步和欢快的呼嚷……如此这般，酝酿着年节的氛围，宣告新年即将到来。爆竹的燃放在春节的整个时间流里持续，大年三十的夜晚是一高潮，大年初一清晨是又一高潮。似乎各家还有一个潜在的比赛，比比谁家放得多，谁家放得响。你是随地摔的响弹，举手绽放的眼瞧花（烟花的一种）；我是百鞭一挂，是长串千头鞭；你是爆响雷子，我是冲天二踢脚；你以长筒白日里喷花吐彩，我会秀礼花在夜晚爆射天空呈现万紫千红……在时间上来说，还要看谁家起得早，爆竹燃放得早。一人之早起，一家之早起，不只预示着全年的生机与祥瑞，而且有着让供奉在案的祖先及各路神灵检阅之意，能不将这种涌动着激动而神圣的情感以爆竹的形式喧响于天地之间吗？

古代的爆竹真的是要烧竹子的。爆竹，顾名思义，它在远古就是指被火烧而发出破裂之声的青竹，火光腾跃，竹节爆响而声势非凡。这一举动源于民间传说，据说"年"是一个野兽状的怪物，每每到除夕夜便出来吞食人畜。天黑地黑乌洞黑，那怪兽似乎就在黑暗幽深处。潜在的威胁似乎处处存在，这多恐怖啊！先民是用火来抵抗的还是用石块敲击的呢？现实的猛兽会怯惧焚烧竹子时爆裂的响声，那么同理推测，这种冥冥之中的怪兽自然也会在这火光与爆响中却步不前，甚至逃之夭夭了。于是在新年来临之际，在新年的整个过程中，人们燃放起爆竹来。天长日久，便形成了过年燃爆竹的习俗。

燃爆竹的习俗至少在周就已经开始流行了。

《诗经》中所描绘的"庭燎之光"，实是以火烧竹，即爆竹。可以说，这声音轰轰烈烈而余味悠长，数千年来一直爆响在中国的年节。

《荆楚岁时记》云："正月一日……鸡鸣而起，先于庭前爆竹、燃草，以避山臊恶鬼。"自宋代硫黄火药问世之后，爆竹便有了现在的格局了。宋施宿等撰《嘉泰会稽志》："唯除夕爆竹相闻，亦或以硫黄作爆药，声尤震历，谓之爆仗。"南宋又发明了"内藏药线，一发连百余响不绝"的鞭炮。以"爆仗"命名，说明在国人心目中，爆竹是仪仗之一种，燃放爆竹是新年的庆典之举，是一种仪典。爆竹把内在的祝祷祈愿演化为蹦响在天地间的声音，给人以震惊般的快乐。从某种意义上，它已成为年节的一种象征了。

记得幼年时家中设案祭祖，墙壁高挂先人缯（以宝塔状表格记叙历代祖先名讳的图），不知悬挂了多少年的红纸金边的对联被用湿毛巾轻轻展拭后悬挂两边，字体是厚重大气的老颜体。如此庄重雅致的对联，是祖上识文断字的前辈所为呢，还是邀请村里的老先生代的笔？我只知家父虽身为校董，在家乡义务办学几十年，但也只是几年冬学的根底，未曾见他动笔写过文章。而我们这个古老的村庄，据碑文记载汉光武帝时代便有了，两千年来出了不少读书人。或为教谕，或入县志，更有执笔编撰县志者。在文风繁盛的村落，这样的对联才显得亲切得体，意味悠长：

　　饮水思源，当知报本

　　　贻谋启后，求是克昌

　　方桌前沿以香炉为中心，两边对称排出蜡台、灯盏与香筒等尺许高的铸铝祭器。方桌前绷展着黑边红缎制桌裙。地铺方形苇席以供跪拜。除夕之夜起，灯烛长明，香火不灭。初一凌晨，往往天刚麻麻亮，堂哥堂姐便来祭拜并放炮致意，我们鸣炮相迎。祭祖之风阻断多年后不易恢复，但我所走过的地方，陕西关中、河南郑州、河北廊坊、海南琼海等地，大年初一早餐之际，便要郑重其事地鸣鞭，正是这种仪式的留存。或许更多的地方亦是这样。再如长沙等地习俗，若有客前来拜年，主人要提前准备，郑重其事鸣鞭相迎，仿佛国家来了贵宾鸣礼炮欢迎一样。家国同构，家国一理，在这里我们看到了活化石般的仪式与证据。

拜年敬老，以人为尊

拜年，作为一种仪式，有着由神而人、由父母到家族的顺序。初一早上起来，拜祖祭神之后，先要给父母、叔婶等长辈拜年，然后出去给本村的同宗长辈拜年。

到了初二，就要带着拜年的礼物，女儿回娘家，外甥拜舅舅，再沿着这样的姻亲脉络给亲戚拜年。这时节，村里村外，街上路上，随处可见的是笑容，是新衣，是提着各式各样礼品的拜年者。可见，这是将敬神的崇高意味渗透到敬人的层面上来。特殊的氛围带来了心绪的圣洁与愉悦。在这络绎不绝的人流中，小孩子最为欢实，情绪最为高涨，平直的道路也会夸张地走出S形

《岁朝欢庆图》，清代姚文瀚所绘，描绘了过年阖家欢庆、热闹团圆的场面。

来，一会儿蹦到人前，一会儿窜到人后，似乎清晨期盼着花开，山巅翘望着日出。他们是最为敏感地感受此日幸福的人，美衣美食，大人有语言禁忌的约束，平素摆起面孔的过苛的语言训斥荡然无存，换之以微笑相待；辛苦的家务劳作放下了，换之以游戏相伴；走亲拜年，迎面是亲切的问候，是不断端出的干果美味，是欣赏与期待的压岁钱。

拜年是古礼的活态传承，在大年初一至初五这一庄严的时段内进行。今人常说的拜早年与拜晚年云云，都是依据于此，即拜年的时间溢出了古礼要求的范围。《嘉泰会稽志》描述了宋代拜年的隆重场面：

> 元旦男女夙兴，家主设酒果以奠，男女序拜，竣乃
>
> 盛服，诣亲属贺，设酒食相款……凡五日乃毕。

拜年，后世简化了许多，而在古代则是五服以内的长辈都要叩拜，那些业大家大者的拜年便成为一种相当规模的交际活动了，甚至顾及不到者以名刺代为拜年。名刺，类似今日名片。清顾禄《清嘉录》中有一段有趣的描述：

> 男女以次拜家长毕，主者率卑幼，出偈邻族戚友，
>
> 或止遣子弟代贺，谓之拜年。至有终岁不相接者，此时
>
> 互相往拜于门……有遣仆投红单刺至戚友家者，多不亲
>
> 往，答拜者亦如之。谓之飞帖。

人不能亲往而名刺来去如在空中飞舞，命名"飞帖"，自是别有风趣，今日的贺年卡便可看出飞帖的影子。而手机拜年则是传其神而舍其形了，只不过批发的贺词吞食或风化了情感与生命的意涵。

当拜年仪式超越家庭、家族而走向社会，古代官员互拜渐渐成为特殊时段的交际应酬。在官本位的古代，仪式缺少了内容，交际缺少了情感基础，拜年慢慢就变味了。明陆容《菽园杂记》卷五：

> 京师元日后，上自朝官，下自市人，往来交错道路者连日，谓之拜年。然士庶人各拜其亲友，多出实心，朝官往来，则多泛爱不专。如东西长安街，朝官居住最多，至此者，不问识与不识，望门投刺，有不下马或不至其门令人送名帖者。遇黔仆应门，则皆却不受，亦有闭门不纳者。在京仕者，有每旦朝退，即纳伴事此，至入更酣醉而还。三四日后，始暇拜其父母。不知是何风俗，亦不知始于何年，闻顺天间尚无如此之滥也。

此风明代有之，清代尤烈。《燕京杂记》：

> 正月初旬，拜年者踵门，疾呼接帖，投一名刺，忽忽驰去，多不面晤主人。司阍者记其姓名于册，多有不识者。倘无司阍者，客到嫌于启门，贴一纸囊于门外，

外写"请留尊柬"四字，拜者投刺于中即去。浮文无

当，一至于此。

主人不亲自出马，也有人闹出移花接木的笑话。《清嘉录》
引宋周密《癸辛杂识》云：

沈公子遣仆送刺，至吴四文家，取视之，类皆亲

故。因醉仆以酒。阴以己帖易之，其仆不知，至各家遍

投之，而主人之帖竟不达。

如此这般的高宅大院前的拜年，真让人啼笑皆非。表面上热
热闹闹，前呼后拥者，摩肩接踵者，急呼呼呐喊接帖者，没有交
流对谈，只将名片式的贺年卡放下，连主人也不见就匆匆而去。
接待者似也不胜烦扰，于是门口专设一造册登记者，或只置一纸
袋就行了。你能敷衍我也会敷衍，你无内涵我只有形式，竟有人
推向极致，演出偷梁换柱的闹剧。虚文浮风，确乎是拜年的异
化，形式之下是官本位达到极致的人性病态显形。

相对于官场，还是民间拜年来得实在与亲切，温馨而美好。
拜年习俗在陕北叫作"问强健"，小辈见了长辈都要叩头"问强
健"，像"爷爷强健"啦，"奶奶强健"啦，长者便回答"娃娃
乖着哩"，意思是夸孩子健康进步。这种讨口彩在关中亦普遍。
这种拜年礼俗，不仅限于孩子，就是已娶妻养子的汉子，见了长
辈也是如此。世俗的拜年活动，在这里也趋向神圣化和艺术化。

阳歌拜年是陕北年俗中独特的风情。多少年来人们习惯称其为秧歌，其实似是而非。这原是崇拜太阳的广场舞蹈。想想也是，陕北干旱多丘陵沙漠地貌，哪来铺天盖地的插秧情境？哪来千家万户彼此呼应的插秧助兴歌舞？记得2008年春节期间，笔者陪同韩国学者考察团到安塞瓦窑湾剪纸艺术家高金爱家，只听咚咚咚咚腰鼓响，头缩羊肚巾，一身白衣，系红腰带的后生女子相随舞步大拜年。或群体踢蹦旋跳击鼓狂舞，或两三竞技斗鼓争风，或一人清唱众人相和。低矮的沿墙上站满看热闹的娃娃伙。在这里，村村都有阳歌队，挨门逐户拜年，俗称"沿门子"。阳歌拜年首先是谒庙、敬神，以期天地人神同时到场，好将福气传到各家各户。刚进院落，能歌能舞能编能演的伞头触景生情，即兴编唱向主人祝福，如"走进大门四下看，五孔石窑好宽展，老人长寿娃康健，祖祖辈辈当富汉"。当面祝福总出真诚，那唱词或许平淡，亦因触景生情即兴唱来转为新鲜。

　　在湖南湘潭一带，从正月初一到十五，不论是农村还是城镇，都以舞龙灯来拜年。舞龙灯先要"接龙"，即挨家挨户发请帖，凡接帖人家便可依次进屋舞龙灯。接龙后便开始舞龙了。只见那灯游龙卷，龙随鼓起，活泼泼地翻腾跳跃，或现龙在田，或深潜于渊，或飞龙在天，腾云驾雾而神圣庄严，让人目不暇接。这种传承着巫风楚俗的舞龙灯，仪式感强，如"接龙""收水""挂红"等，都是将情感凝定为形式而使得拜年弥漫着崇高而喜庆的氛围。

桂西一些地区，世代流传的舞鸡、舞春牛活动，增添了春节的喜庆气氛。舞鸡的年轻人提着用木头、木瓜做成的两只"斗鸡"，打着锣到村中各家各户去贺年。舞鸡歌吉庆幽默，使主家喜笑颜开，送给贺年的舞鸡者红包后，从"斗鸡"身上拔几根鸡毛插在自家的鸡笼上，以祈求六畜兴旺。舞春牛更为有趣，它与狮子滚绣球舞蹈相似，只是更为朴实，更具农耕色彩和原始舞蹈意味罢了。"春牛"是用竹片巧妙编织而成，牛头、牛角糊上绵纸，画上牛眼，牛身是一块黑布或灰布。舞牛人敲锣打鼓在村中表演：钻进布底的两人，一人在前撑牛头，一人在后弯腰拱背甩尾巴；后面跟着的是一个手拿犁架的汉子；此外，还有敲锣打鼓的，领唱春牛歌的。他们走到哪里，哪里就有歌声笑声。

新年大餐

新年第一天的第一餐吃什么呢？

首先应当提及的是饺子。这里话题还可延展开来。与新年礼仪中食饺子习俗相应的，是更为古远的正月初一食蛋的礼俗。据《荆楚岁时记》所载：

> 正月一日，是三元之日也。《史记》谓之端月。鸡

鸣而起，先于庭前爆竹、燃草，以辟臊恶鬼。于是长幼

悉正衣冠，以次拜贺……各进一鸡子。

同书注引周处《风土记》亦云："正旦，当生吞鸡子一枚，谓之炼形。"这真是如神仙一般地悠闲、从容、庄严而自信。乐园一般的生活方式，随着五更鸡啼而早早起来，朦胧中先燃放爆竹，点起火焰起伏的香草，那窥伺在侧的恶鬼远远看见不敢过来，早些时候过来的已吓得逃之夭夭……神灵的世界整顿好，心绪的紧张变为平和，男女老幼新衣新帽穿戴整齐，向着长辈长揖叩拜。芦苇编织的小地席铺在地面上，小字辈向爷爷婆婆拜年，向爸爸妈妈拜年，再和堂兄弟们成群结队，向伯父伯母叔叔婶婶拜年……虔敬地跪拜，欣慰地扶起，簇拥的是笑容，弥漫的是温馨。拜罢，每人吃一个鸡蛋。说是炼形，是在新年开始之际，以鸡蛋之混沌期待塑造出一个新天地呢，还是借助吞一个鸡蛋的神力要塑造出一个崭新的自我来？真的，鸡蛋是美味，过去是一种一年到头不易享受的食品，往往在生日之际才可吃一枚。春节第一餐时每人一枚，味道悠长，仪式神秘而祥瑞。从中国古书中形容创世前的"天地混沌如鸡卵"之类的说法看，可知鸡蛋确乎不简单。

须知饺子的原初命名是"馄饨"，《燕京岁时记》把它与天地原初、鸿蒙混沌的景象联系起来："夫馄饨，形有如鸡卵，

颇似天地混沌之象。"这类文献不少,都无一例外地将饺子的意味指向了混沌境界。北魏贾思勰《齐民要术》卷九有"水引馄饨法";唐段公路《北户录》注引作"浑屯",犹言"混沌";明张自烈《正字通》说"饨,今馄饨,即饺饵别名。俗屑米面为末,空中裹馅,类弹丸形,大小不一";《食物志》说"馄饨,或作浑沌。馄饨像其圆形"。也许一般人"吃"其然不知其所以然,而在国外的学者却十分关注这一奇异的现象。英国李约瑟《中国古代科学思想史》的征引文献中说馄饨以艾炸后有避邪作用,书中深有感慨地说:

> 浑沌留下的最古老的遗迹,就是今天中国人普遍食用的馄饨,馄饨即"混沌"二字换上食字旁。这是一道汤菜,用很薄的面皮包肉做成。……

> 馄饨一定与上古的浑沌有关,一定与上古的祭祀和驱邪的风俗有关。今天爱吃馄饨的人,鲜有知道其上古渊源的!

也许,饺子如此没眉没眼没鼻没嘴的面相且大肚能容的胸怀与混沌大帝有些神似形似?或者其负载盘古神话成为象征天地未开时远古鸿蒙的意象? 至此,饺子有馅有皮的包蕴式结构,以及在新旧交替的年节时享用的就餐仪式,古来便与开天辟地的神话传说,建构起异质同构的连接了。盘古挥斧,混沌破开,那混沌的气团中清者上升为天，浊者下沉为地，一个全新的世界就诞生了！了解了这一点，便不难理解国人何以将吃饺子演绎为仪式，置于新年第一圣餐的高位。在这里，吃饺子不只是一次单纯的饮食活动，咬破混沌开天地，开出事业的新天地，开出婚恋的新天地，开出人生的新天地！于是，吃饺子便有了超越餐饮之上的意蕴。按照远古风俗，饺子并不是一年之中随时可以享用的食品，而是规定在正月初一第一餐时食用的。包饺子的时间则在大年三十晚上，这一习俗在北方许多地区至今相沿未改，更多的人只不过知其然而不知其所以然罢了。

可见传统"迎客的饺子送行的面"的说法意味悠长。吃一碗饺子更是一项神圣庄严的节庆仪式，一种神秘的图腾圣典（食之而具有图腾同体的功能），一个长时间发挥超自然效应的祥瑞性接触，一类文化符码的演绎。它成为对用餐者前途命运的祝福、预示与象征。

北方民间大年初一吃饺子的重要讲究，或者叫仪式，一是大年三十混沌时分备好料或包好；二是全家相聚团圆聚餐；三是因为开天辟地各家便比赛抢着吃早；四是餐前放炮，特别是煮好就要上香点烛叩拜，先将饺子献于供桌祭神祭祖，以期天地人神共享，然后全家人欣然举箸。这个过程，种种讲究，自是一个完整的仪式，背后自有神圣神秘的意蕴。就是今天，在"迎客的饺子送行的面"这一民俗中，仍可感知那传统的余痕。一碗饺子祝福自己也祝福亲友，咬破混沌便开辟一片灿烂的新天地。更何况是旧岁辞别新年伊始之际，自然要放雷子、放几千长鞭，让天地知道，让南天门内外云朵簇拥的神灵知道，让九天之上的祖先知道。

现在，除了大年初一，冬至、破五都讲究吃饺子。这几个时令年节中都有天地重开、万物初萌的特殊意味。冬至既是周代的年节，更是太阳转向北回归线运行，冬天白日短到极限而变化，是寒冷已尽、春暖即开的时刻。破五是送祖先神灵归茔、自己独立开始一年生活之始。可以看出，饺子食用的时间也是那么特殊而意味深长，都是在除旧布新的大变化大转折的时刻。

值得注意的是，传统礼仪食品多以饺子为原型。饺子仿佛排头兵似的率领着长长的队伍。几十年来，笔者一直生活在文化积淀颇为厚重的关中平原上。在自身的经历中，一年四时八节中的礼仪食品颇有意味，形式上也颇有特点，值得探究。比如，春节的饺子与馄饨，正月初二拜年的包子和点心，正月十五的元宵，二月二龙抬头的菜盒子，立春的春卷与春饼，清明的青团，五月初五端午的粽子，八月十五中秋节的月饼，甚至生日与婚礼的鸡蛋，以及关中一带至今婚礼与拜年仍盛行的馄饨馍……它们成谱系地出现，从远古延续至今，成为民俗这一潜在的律令为大众所遵守。它们的特点，简单看来，从时间上与节日紧密结合，甚至成为节日代表性的礼物或者符号；从形式上来看，这种包蕴式结构恰恰是传统礼仪食品的典型标志。

随着阅历的扩展以及阅读与考察活动的深入，笔者发现上述礼仪食品并非限于关中、陕西、北中国，而是覆盖了更为广大的地区——广东、福建和海南等地，甚至外国，如越南、新加坡等国新年门前扮饰金橘，拜年时互赠金橘，等等，也可以列入。因为作为节日的礼仪食品，橘子似也属于有皮有馅（瓤）的包蕴式结构。

有一年春节，我陪同韩国学者在陕西洛川考察时，主人端上了热气腾腾的单叶馄饨，即只以面片捏成近似饺子形状，别无他物。见我好奇，主人介绍说这是古来年节中招待最尊贵客人的饮食，即便是上门的新女婿，一碗单叶馄饨就算是隆重的招待了。可见这一饮食确乎来头不小。

后世的演变中，在饺子中吃出神话和哲学的意味渐渐淡化，次生意蕴、再生意蕴不断增生。它的命名在唐代由馄饨转化为"角子""角儿"便是明证。我们知道，角子是元宝及碎银的俗称。三秦民间从西府的千阳、陇县到京兆府的咸阳、礼泉，再到东府的合阳、潼关等地，至今仍保持着"角子""角儿""散角儿""角角"等称谓，澄城等地方言直接将吃饺子叫"吃角"。

当政治文化中心北移以后，中原官话让位于北方官话，"角子"在北方强势文化的读音中改变为"饺子"了。在这一俗信背景下，演绎出不少民俗事象。如东北，在五更时分前后两年的交接时间里，全家要吃一顿素馅饺子，谓之"五更饺子""团圆饺子"。国内更多的地方，过年时全家的饺子里只有一个放上硬币或糖，谁能吃到这个饺子，谁就一年财源滚滚，顺心如意。而满族则径直将新年饺子叫作"揣元宝"。煮饺子时，家主要吆喝："小日子起来了吗？"其他人即时应对："起来了！"饺子从锅底浮起来，如此的期待如同掀开锅盖的热气升腾起来。

如果说饺子因神话哲学意味而成为北国普遍的年节礼仪食品的话，那么年糕也因有着丰厚的意涵而成为南方的春节食品。它不仅因谐音"年高"寓意年年升高步步青云，讨得好口彩而为人喜爱，更因为历史的记忆使之滋味悠长。相传国人为了纪念伍子胥才有了吃年糕的习惯。春秋末年，吴王阖闾出于军事需要，令名将伍子胥筑城。城垣修竣，吴王大喜，宴请诸将庆功。伍子胥不主张与越修好，也不愿北上争霸，遂与吴王有了分歧，渐渐疏远。伍子胥料知国事不妙，便悄悄告诉吴王随从说："我死后，如国家遭难，民众饥饿，可经城下相门，掘地三尺得食。"时隔不久，吴王听信谗言，赐剑令伍子胥自尽。钱塘江水滔滔不绝，浪涛拍岸，忠臣含恨倒地，吴国亡于越国。于是战火纷纷，你方战罢我登场，灾难连绵，饿殍遍野，民不聊生。吴王的随从忽忆起伍子胥生前嘱咐，便带民众去相门掘地，到三尺许，便见相门地基不是泥土所筑，而是用糯米粉做成的砖垒起来的。百姓如获至宝，食糯米砖充饥，遂感激伍子胥，佩服他的远见卓识。从此每年仿制糯米砖，名为"年糕"。这一习俗一直延续至今。

初一这天早餐，闽南人一般不煮新饭而是吃除夕的余饭，目的是讨个吉利，祈望来年有余；漳州人则吃甜面线，俗称"长寿面"，以喻长寿。湖南新化则必备很丰盛的早餐，俗信新年的第一餐愈丰盛表示这一年愈丰收。

在广西，独特的挑新水、喝伶俐水成为一种吉祥的仪式。据介绍，大年初一拂晓之前，壮族的家妇就已纷纷到小河去为全家挑新水了；在挑新水时，还要捡几块与家畜相像的石头回家，并且一路走一路模仿六畜的叫声；回到家里，就把这些石头放进猪圈、牛栏，祈求六畜兴旺；然后，用新水煮新年茶给全家喝。壮家女要喝伶俐水，就是在汲新水之前，争着喝由村中公认的"伶俐她"捧给大家的清水，她们相信这样便可更加聪明伶俐，待嫁姑娘更是借此机会祈求在新的一年里找到如意郎君。

美国学者伊利亚德曾特别指出，原始部落社会的新年礼仪几乎没有例外都是对于创世神话的象征性表演，一年一度的庆典活动具有促进宇宙的周期性自我更新的作用。神话的信仰者们也正是借助于新年的礼仪性活动强化复归乐园希望的现实性，体验重返初始之际的神秘与欢欣。饮食自不例外。看来，饺子作为新年第一餐，确乎接近神话礼仪活动，它在憧憬着一个美好神秘的意义世界。

第六章

破五

由圣入俗的过渡

大年初一之后，初五是个重要的日子。从远古到今天，初一、初五像左右括号一样把庄严神圣的拜年活动框定在这一区间里。初一之前，人们尚能以迫不及待的喜悦不太正式地说"拜个早年"，倘在初五之后还要周旋揖让，那就只能满含歉意地说"拜个晚年"了。而且，新年几天神圣庄严的诸多禁忌从此便可破除，这可能是初五称作"破五"的缘故吧。

家庭祭祖的供桌神祇图像都会在初五这天收起，日子因此隐隐由圣转俗。走亲戚活动从晚辈来拜年转为长辈去追节，特别讲究的是父母为已出嫁的女儿、舅舅为外甥追节，带着鸟儿形象的鹅儿礼馍和红彤彤的灯笼。北方农村，倘若春节前有去世的亲人，晚辈们便自大年初一始居家祭祀，直至破五前不能出门，叫作"守服"。

破五这天的仪式，主要是送穷、迎财神和特殊饮食。

此日无人不送穷

一般来说，破五之俗首先是送穷。

在我看来，除夕夜到祖茔接祖先回家过年时，可能有些穷鬼饿鬼无家可归的孤魂们闻风而动，随之而来。虽有门神护卫，有春联门笺拦门棍多项防备，但可能总有疏忽的地方，难免让这些不速之客混吃混喝。倘仅此倒也罢了，可要是给人带来七灾八难的就麻烦了。因此过了初五，要送祖先回茔，送除夕来造访的天地诸神升天，顺便将随之而来的一些孤魂野鬼送走，也在情理当中。而这时，"送穷"的命名似乎强调个别特殊而忘却了常规的事项与仪式。之所以聚焦于"送穷"，内在的逻辑似乎是：各路神仙是公正慈善的，祖先自然也是亲切护佑的，迎送安全，可在一定意义上忽略不计，好比最亲切的亲友无须礼仪客套，而打上门来的刁蛮者要提到议事日程上来慎重对待一样。对主人来说，虽然打心底一千个一万个不愿意，也要多给他们笑脸多说好话，给予特别重视，念念不忘如何如何去对付；进而有点喧宾夺主，将"送穷"升格到了正式命名的地步了。

送穷这一习俗至迟在南北朝时期就已经出现了，唐代已成为官民无不遵从的普世习俗。唐人姚合诗作《晦日送穷三首》其一：

年年此日中，沥酒拜街中。

万户千门看，无人不送穷。

从历时性看，年年如此；从共时性看，家家如此，人人如此。大街长揖、洒酒奠送，不只是神秘的观念，更有成套的仪式，那就应有源远流长之根脉，底气丰沛之神韵，值得一说了。

具体送什么呢？在俗信中说法很多。

其一，送姜太公之妻。

民间传说姜太公助武王伐纣，功高天下，有斩将封神的权力。他虽有绝对的权力，却仅封自己为守土安居的稳神，屈居于民间屋脊二梁之上。他封老妻为穷神，又出以不忍之心，怕这位喜欢串门子的老妻出于好奇，有意无意会给贫寒人家带来困境，便令她走着看看，长点眼色，"见破即归"。人们爱戴敬仰姜子牙，可是谁也不愿意让穷神来到自家呀。为了避开这位穷神，于是把这天称为"破五"。看来，这一说法不只有了所送的穷神，似乎连破五的命名缘由也涵盖进去了。这一传说虽不知语出何典，但作为一种民间传说，影响似乎更为深广。

其二，送穷子。

穷子，即穷鬼。据宋人陈元靓《岁时广记》引《文宗备问》记载：

> 颛顼高辛时，宫中生一子，不着完衣，宫中号称穷子。其后正月晦死，宫中葬之，相谓曰："今日送穷子。"

据传三皇五帝时代，这位贵为北方大帝之子者，虽身材羸弱矮小，想来地位不低，待遇也差不到哪儿去吧。前呼后拥会有吧？山珍海味不缺吧？博衣大袖很多吧？可谁也不能理解的是，他却性喜穿破衣烂衫，吃粗茶淡饭。若给他崭崭新的衣服，也要撕破挖洞打毛之后才肯挂在身上，仿佛新鲜浑全与他不共戴天似的。倘若生在当今，如此超脱潇洒，扮酷嗜贫，作为弄潮儿，引领时尚掀起一波又一波潮流是没问题的。只可惜其生不逢时，被歧视为穷鬼，成为憎恶生命顺达的象征，人人欲拒其千里之外。不知这位穷子有没有"后不见来者"的寂寞之叹。归根结底，人们跟这位穷子倒也没什么过节，只不过借他人的灵堂哭自己的伤心，借送穷子将笼罩在自家门前的穷气、穷命和穷日子送走才算罢休。送穷子这一仪式，不少地方亦在初六进行。

其三，送穷土。

送穷土又叫"送穷灰"，就是一种彻底的大扫除，从每间房屋里把垃圾扫出门外。这不只使破五有了可操作的仪式，而且明确将神圣的祈祷和实用色彩的打扫结合起来：打扫垃圾与送穷合二而一。腊月三十到正月初五，一般不能打扫，偶尔扫扫地，也只能在屋里扫，垃圾只能先放在屋里的拐角处，特别是大年初一，那是一扫帚也不能动的。一方面暗示大年期间人如神仙般逍遥悠闲，不能干这样的活计；另一方面是说大年初一以来所积累的垃圾因成聚财的象征而不能倒掉，否则就送跑了福气，将好运气弄掉了。可到破五这一天，却非彻底地搞一回大扫除不可了。等到垃圾扫出大门，扫到一个角落，便也将鞭炮噼里啪啦地从屋里放到屋外，再拿来一个极大的爆竹，放在那垃圾堆上，点燃了，轰隆一声，宣告仪式完毕。人们说，这下子，一切穷气穷鬼都给赶跑了，可以安然过日子了。在《和顺县志》中便有明确的记录："初五日，各家扫尘土，于五更爆竹送门外，俗云'送穷土'。"

其四，是送五穷。

五穷是五种穷鬼的略称。送穷这一习俗至唐代时已经相当盛行。文起八代之衰的韩愈曾撰写过一篇《送穷文》，记述自己在元和六年正月晦日送穷的经过和感受。在他看来，所谓"五穷"具体是指"智穷""学穷""文穷""命穷""交穷"五种穷鬼，这当然带着这位诗文大家的个人色彩。他说"凡此五鬼，为吾五患"，故撰文祈祷而送之，而且还有一番张罗，为穷鬼结柳做车，缚草做船，引帆上樯，不但为其准备象征性的车船，引导其早早离开，还要带足途中餐饮的干粮呢。也许，在平民百姓心目中的五种穷鬼与此同质异构，也带有他们生活的印痕。至于五穷或高或矮或黑或白或胖或瘦或男或女，大约都是付诸想象的产物，恐怕都是影响了百姓的生存与发展的种种恶鬼吧。于是乎，凡事须治本，衣食住行层面的局促不济，须先在精神层面将主导者穷神驱逐出境才是关键之所在，于是便在这一天郑重其事，扫帚挥动以驱赶，爆竹燃响以震慑。

平民送穷，大多送了也就送了，当时郑重其事，过后不再提及。而文人雅士则不然，当时送其神，过后述其事，在字斟句酌中反复回味，要的就是这个劲儿。《岁时广记》一书中就记载有一首很有趣的送穷词，说宋太学有一读书人名叫巴淡，他性多滑稽，想来此人籍贯南方吧，于是别出心裁发挥当地物产的特色，遂以芭蕉船送穷，并作颇有理趣的《送穷鬼》词。时隔数百年后，清代著名学者俞樾对此欣赏不已，在其《茶香室三钞》卷一"送穷鬼"条中将此词特为引述：

> 正月月尽夕，芭蕉船一只。灯盏两只明辉辉，内里更有筵席。奉劝郎君小娘子，饱吃莫形迹。每年只有今日，愿我做来称意。奉劝郎君小娘子，空去送穷鬼，空去送穷鬼。

> 月隐在天，芭蕉船在岸，愿穷鬼吃饱喝足之后快快上路。

值得注意的是，不少地方的穷神都是以女性形象出现，是男尊女卑观念形成的集体无意识的恶果呢，还是受姜太公封老妻为穷神传说的影响呢？搜集到的有关地方志的表述是很有趣味的：

> 正月初五日，俗谓之破五。各家用纸制造妇人，身背纸袋，将屋内秽土扫置袋内，送外燃炮炸之，俗谓"送五穷"。

《张北县志》

> 五日，剪彩纸为人，小儿拥抱戏通衢，曰"送穷"；有攫而去者，曰"得富"。

《大同府志》

剪纸塑造神灵，是一种惹人喜爱的艺术形式。剪的虽是穷神，可漂亮的形象自有魅力。自家孩子捧出拿到街道赏玩是送穷，而那剪纸惹眼又耐看，花花绿绿的，若是村人邻居的小孩子喜欢而拾取岂不是引穷入室？小孩哪知世事艰，只看着漂亮真的拿回家了，惩罚吧，不能打不能骂，大过年又有许多禁忌，怎么办呢？

没关系，自有禳解之法。穷与富是相对的，送与接不也是相对的吗？如同太极鱼旋转中互相滋生互相成为对方，夜晚黑暗到极处不也意味着黎明的到来？送与接的传递，岂不是意味着穷与富的转变？由此发生一百八十度的大转弯，若捡拾了送出的穷神剪纸，在民间信仰里又被叫作"得富"了。俗信如此内因优越，如此富有童趣。想想看，动机善良而单纯，结果吉祥而美满，过程也都是顺畅而舒适，真是心想事成呢。民间信仰的天地真是无边地宽阔博大，不是狭窄一条道那样容易冲突撞车。这里是海阔凭鱼跃，天高任鸟飞，自由自在无拘无束。生命的创意在这里都能获得诗意的实现。这就是神话思维，先于逻辑而超于逻辑，彼此冲突，前后相悖，却都能够成立。

其五，送穷媳妇。

穷媳妇原型也许就是姜子牙的老妻，但这一意象的选定自有家族本位的潜意识。命名为穷媳妇而不是穷婆婆，媳妇要熬成婆婆那还有许多年的历程要走呢。这就显得别有滋味。不同地域的志书分明这般地记述着：

> 五日，俗称"破五"。以彩纸剪作裙衫，装妇子形，于更送之街头，曰"送穷媳妇出门"。
>
> 《马邑县志》

> 五日，晨起担水入瓮，谓之"填穷"。剪纸作五穷妇送之，谓之送穷。
>
> 《寿阳县志》

> 初四日晚，扫室内卧室下土，室女剪纸缚秸，作妇人状，手握小帚，肩负纸袋，内盛糇粮，置箕内，曰"扫晴娘"，又曰"五穷娘"，昧爽有沿门呼者，"送出五穷媳妇来"，则启门送出之；人拾得则焚，灰于播

种时和籽内，谓可免鸟雀弹食，或不焚，逢阴雨悬之檐端，可扫翳祈晴。

《怀来县志》

祈求富贵，礼敬财神

人的思维往往是两极摆荡。破五有送自然有迎，来而不往非礼也。送的是贫穷，迎的自然是富裕了。富了还想富，越穷越怕穷，这是人心之常态。这种心态在长期温饱不济时，在破五这一节俗中集中地凸现了出来。如南宋魏了翁在其《二月二日遂宁北郭迎富故事》诗中说的正是这一普世心态：

才过结柳送贫日，又见簪花迎富时。

谁为贫驱竟难逐，素为富逼岂容辞？

贫如易去人所欲，富若可求我亦为。

俚俗相传今已久，漫随人意看儿嬉。

结柳送穷，簪花迎富，看似相对的仪式其实是人心向背的展演。传承既久的习俗或许会引发某一瞬间的审美疲劳，但儿童的狂欢仍能引发新的情致，增益观赏的趣味。富裕是人人想达到的从容的生存状态，但作为一种信仰还须有偶像，这样仪式才好展开，情感亦能移植投射，于是财神就以富裕的神灵形象出现了，源远流长，香火旺盛。

民间俗信以初五为财神的生日。过了初一，接下来最重要的活动就是接财神——在财神生日到来的前一天晚上，各家备办酒席，为财神贺辰。北方也有以初二为财神生日的。到了这个时候，大凡希望财源茂盛者，例必备牲接神，商号尤为郑重其事，选择是日开市，以示吉利。财神有许多化身，从民间信仰看，有文财神、武财神、五路财神、青龙财神等等。

　　文财神一说是商朝的比干。他是位忠臣，因直谏而被暴虐无道的纣王挖心，后因吃了姜子牙送的灵丹妙药而存活人间。他在人间广散财宝，因没了心（这岂不是老子《道德经》后来总结的"圣人常无心，以百姓之心为心"吗？），也就无偏无向，办事公道，受人敬重。在《封神演义》中，比干被封为北斗七星之一，后幻形人世，成为文财神。

　　文财神另一说是范蠡。这位经商高手，三次聚财，三次散财，其致富的天才与重义的品质为人所重。特别是在西施女的问题上，敢于牺牲而勇于负责。"君问穷通理，渔歌入浦深。"范蠡家财万贯而能归隐江湖，荡舟于烟波浩渺深处，只见青山隐隐，只见云朵飘逸，不为世俗所累而始终保持人的尊严与自由，从而赢得人们的爱戴而成为财神。

　　武财神是谁呢？据道教传说，据《封神演义》所载，武财神姓赵名公明。赵公明本为终南山人，长期隐居深山。空山新雨，清泉石上，易助人精修至道。功成之后，玉皇大帝封他为"正一玄坛元帅"，简称"赵玄坛"。旧时财神庙和各家各户供奉的财神赵公明，乌面浓须，怒睁圆眼，头戴铁冠，一手执钢鞭，一手捧元宝，身跨黑虎，故又有"黑虎玄坛"之称。在《封神演义》中，姜子牙封他为专管迎福纳祥的"金龙如意正一龙虎玄坛真君"，麾下有招宝天尊、纳珍天尊、招财使者和利市仙官四员小神供其调遣。传说这位赵公元帅能除瘟剪疟，驱病禳灾，哪里有不平哪里就有赵公元帅！大凡有冤抑难伸难见天日者，他都会全力以赴，主持公道。人们买卖求财，他能使之获利。如此能耐无人能替，民间便将他视为财神。甚至视为唯一的财神。据说这黑虎玄坛看似威猛激越，其实却是性格散淡者，一年中仅在正月初五这天走下龙虎玄坛一次，且很随意自在，无目的，无计划，不知要去哪一家。于是大家都在此日凌晨五时起床，出门焚香献牲，鸣放鞭炮，抢在前头迎接。返家之时，一般摘柏朵一枝，象征财神，带回家中，插于神龛之上，每天焚香膜拜，祈愿四季常青，财源茂盛。特别是各大商家开市，都要抢早迎神。《清嘉录》引用蔡云的一首竹枝词：

　　　　五日财源五日求，一年心愿一时酬。

　　　　提防别处迎神早，隔夜匆匆抢路头。

　　此时此地此境，积郁一年三百六十天的心愿，要在这一仪式中得以表达，敢不虔诚敬勉？能不抢迎在先？要是让别家早早迎走，这一年的祈盼岂不是又要落空，而等到遥遥的下一年？岂不是给这新的一年天空蒙上厚厚的阴云了？

另一武财神为关公。这位威镇三国的红脸将军，守青灯读《春秋》、执青龙偃月刀的文武兼备者，刘备、张飞的桃园三结义弟兄，因其忠义勇武而被历代帝王不断加官晋爵，儒道释三教均为之腾出高位，到明清时代甚至登基坐殿，君临天下，超乎常规地拜圣称帝了。民间受《三国演义》影响，将关公视为忠义的化身，特别是近代以来的一些工商组织，更是将关公视为行业的保护神与财神。关公成为财神的思想土壤和逻辑线索是儒家的"君子爱财，取之有道"的理念吗？或许经商本身易受冲击，因而那些从业者打从内心深处期盼着能有武艺高强天下无敌者来做自己的保护神，而备受民间信仰与爱戴的关公关云长理所当然成为首选。

民间还传说，财神即为五路神。所谓"五路"，指东、西、南、北、中，意为出门五路皆可得财。也许是人生经验之暗示，钱财本在四面八方，须多路出迎辛苦奔波才可获得。经商也如做学问，也是要读万卷书行万里路才能修成正果。若安坐家中，不只钱财不会不请自来，就是家财万贯，也会坐吃山空，树倒猢狲散的。《清嘉录》云：

（正月初）五日，为路头神诞辰。金锣爆竹，牲醴毕陈，以争先为利市，必早起迎之，谓之接路头。

又说："今之路头，是五祀中之行神。所谓五路，当是东西南北中耳。"五祀即祭户神、灶神、土神、门神、行神。所谓"路头"即五祀中之行神。迎神须早起，是仪式之所要求，也是"天行健君子以自强不息"禀赋的培养与陶冶。因为一人之早起，一人之生气；全家之早起，全家之生气，且从事商务者会因此而全家全年之早起，如此生气勃勃，岂有不成功者？

山东、浙江一带，盛行以青龙为财神。龙为鳞虫之长，在民间，它也是至尊的吉祥物，并被神化为龙眼识宝、龙行有雨等，于是我们在民间青龙财神年画中看到了青龙飞绕。青龙财神两侧是和合二仙，前面是聚宝盆，青龙口中正吞吐着珠宝。在千百年来耻于言钱耻于言利的传统氛围里，民俗信仰却以这种超自然的意态打开心灵，无遮无掩地诉说着对于财富的向往与追求，这也是一种深刻且有力的表达。迎来了财神，年节中凡人见面先送上一句"恭喜发财"就有了对话的性质，有了特殊的意味，也有了厚重的底气，有了施展的平台和衬托的背景。

各地还有乞丐新年送财神的习俗。乞丐虽形象不佳，但中国传统神灵大多衣冠不整，"鞋儿破帽儿破身上袈裟破"，混迹平民堆中而真人不露相，于是在这迎财神的日子里，乞丐无多徘徊，亦可庄重其事送财神上门，在这特殊的氛围里，自会受到特别的礼遇。

杯碗捧持须谨慎

送穷神也好，迎财神也罢，破五的节俗仪式最后还要落实到饮食上来。节日的狂欢，美餐是其表现形式之一。破五的餐饮在国人的心目中是特别讲究的。清末民初，天津诗人冯文洵在《丙寅天津竹枝词》中就写道：

新正妇女忌偏多，生米连朝不下锅，

杯碗捧持须谨慎，小心破五未曾过。

这首着意记载民俗的诗歌，从一个侧面说明除夕到破五禁忌很多，过去早已习惯的清晨生米熬粥的程序都变动了，以至于这位家庭主妇杯盘捧持都小心翼翼，别磕磕碰碰地弄出个什么破绽来。任何一个小小的过失，都会成为命运的象征，且自带神秘的光束向未来投射过去。敢不敬畏？破五本身像年关一样，也是一个须特别小心谨慎，否则难以渡过的关口。

破五吃饺子，自然承载了人们期盼吉利、幸福的寓意，可这里的吃仍如新年一般，不是果腹的常规餐饮，而是庄严的仪式。于是乎每一个细节每一道程序都被赋予了人生的意义。在民间俗信的逻辑里，这一天的饺子馅一定要自己剁，用来象征把不顺的东西都剁掉，预示着来年一切都顺利。清晨起来，家家户户放鞭炮，尤其放二踢脚被称作"崩穷"，把晦气穷气从家中崩走。这种讲究仍是送穷祈福的辙儿，是破五的大背景大氛围。

但十里不同风，百里不同俗，同样吃饺子，各地仍有巧妙不同。天津人有自己的特色：菜板要剁得叮叮咚咚响，让左邻右舍都能听得见，以示正在剁小人呢。天津人把不顺心的事归结到小人的身上，除掉小人才能大吉大利，顺顺当当。初五晚上放鞭炮，是新年鞭炮的呼应与继续，同样也有避邪免灾的意味。这原是送穷神的仪式，天津人又有了新的拓展，做出了民间文学的新创造。据说，大年三十人们请神时，把脏神给忘了，他气不过，便找弥勒佛闹事。弥勒佛满脸堆笑，就是不搭腔。这脏神气得捶胸顿足，七窍生烟。眼看事情要闹大了，弥勒佛才开口说："这样吧，今天初五，让人们再为你放几个炮，包一次饺子，破费一次吧！"天津一位朋友说，这就是破五的来历，也是饶有兴趣的来历。不管能否成为天下的共识，在天津人看来，最起码为破五增添了新的内蕴。

将吃饺子与小人联系起来的不光是天津人，在更广大的地区，人们将这天包饺子称为"捏小人嘴"，据说，这样可免除谗言之祸。最有意思的是陕西宝鸡凤翔区，这里是秦人的发祥地，唐时中央临时首都之所在。破五这天，当地人也早起，也搞大扫除，也放鞭炮，但他们吃饺子不叫吃饺子，叫"煮角儿"，仍是古代的雅言，唐人的称谓。妙在包饺子时，须点一枝香，星火荧荧，在那盛饺子馅的盆上边绕去绕来，然后才包那饺子。这是为什么？凤翔的朋友说，这是将"五穷"之类赶拢了来，包将起来，煮熟了吃掉。秦人豪迈，办事彻底，一餐之中仍可见其风采。

上海破五餐饮则细腻雅致多了，如同这个百年新兴城市男女老少服装的讲究劲儿。初五接财神，有人挑担上街卖鲤鱼，称为"送元宝鱼"；晚上喧闹喝酒，叫"喝财神酒"。有的地方初四晚就设祭，接路头神。祭祀时，酬神酒倒得满满的，叫作"满满十分财"。初五早上要吃面或糕，称之"路头面"或"路头糕"。即便是讨口彩，也是神圣崇高，吉祥胜意。但超自然的神圣里仍会掺杂一些世俗的算计，这一手段放在由神圣向世俗过渡的破五来做，也算是得其所哉。比如商店老板还要杀鸡摆酒请伙计吃饭，实际上是借机辞退自己不满意的伙计，届时端上来的一盆鸡的鸡头朝向谁，就意味着谁被辞退了。

并非所有的人所有的年份都能吃上饺子、面和糕，于是，破五也有着吃粗茶淡饭的时候，形成了特殊的讲究。即使生活富裕起来了，人们仍会坚持这种习惯，这是一种难能可贵的文化记忆。如陕西陇县过去破五这天讲究吃搅团。搅团，即作家峭石小

《开市大吉》（剪纸），雄鸡的鸣叫能使黑暗退却，光明来临。

说《管饭》中所写的西北农村流行的"用玉米面做的像糨糊一样的饭食",说是要把一切不如意的东西都用这糨糊般的食物粘住粘掉。陕西彬县即《诗经·豳风·七月》所描述的古代豳地,在正月初五这一天也吃搅团,说是"吃穷饭,除穷根",又说"糊穷坑,填穷坑",用搅团这样的食物来糊来填倒也适当。地处渭北高原的淳化县,这一天也吃搅团,也说是用来填穷坑,并且这一天不能出门串亲戚,说是不能让亲戚沾着了穷气。看来送穷除穷的节日意蕴,积淀在搅团这碗饮食上,而且如布朗运动般弥散开去,在更大的空间散发着传承历史与文化的特殊滋味。自陇县而淳化,还不知向东延伸到哪个疆域,但可以感受到,在某个历史时期,仿佛构成了一条自西而东的破五吃搅团的文化带。

有规律必有例外。据有关资料介绍,正月初五有一种"做大岁"之俗,流传于福建惠安等地。其称呼各地叫法不一,或曰"过大年""吃大顿""无头节"。其俗称"初五比初一还大",除"吃大顿"外,春联也与他处略异,红色春联上多加一道醒目的白纸条,称"白眉红联"。其由来有两说:一是补岁说。明嘉靖年间某年十二月过半,倭寇偷袭莆田仙游、枫亭地区,同时波及惠安、泉港沿海一带,杀人无数。为躲避血光之灾,民众大多外出逃难,直到戚继光带兵到仙游打退倭寇,百姓才得以在初四、初五回家过年。由于初一那天没有好好过节,人们就在初五时补过春节。为表达对死难者的哀悼，红色春联上多贴了一道白纸条。一是抗清说。白眉红联风俗源于清初，当地群众以此表达对清朝廷强制性剃发令的无声抗议。

2017年至2018年笔者旅居海南的时候，发现琼海等地春联也是这样。想写春联买笔纸，只见那裁制的春联纸都是满幅红头上一道白痕。是与福建等地悲凉的源头同一习俗还是另有故事？或许还有更深远的集体记忆吧。在这里，灾难深重的历史创造性地转换为节日的艺术形式。换句话说，所谓节庆，实质上是一个民族沉重而深刻的历史记忆。

第七章

人日 人的生日，人类的生日

原以为破五写过，便可直奔正月十五元宵节了。因为正月初七，传说是人的生日，便称"人日"，似乎没有多少内容。在传统格局中，一方面，人居于高位，讲三才天地人鼎足而立，甚至进一步说天以人为贵；汉字甲骨文金文中，"天"字原本就是一个坦然正面形象彰示的人，高大却平易，自是生而为"人"群落中的一个。《道德经》也明确指出"道大，天大，地大，人亦大。宇中有四大，而人居其一焉……"但另一方面，在文字叙述的传统中，人逐渐异化，定格于帝王将相才子佳人这样的群体，仿佛只有他们才是上天的宠儿，才值得大张旗鼓地言说与众多目光的投射，而更多的人则成为朦胧的群体，混沌一团而不可数的大多数，如烟如雾一般的背景。可是，在民间的口头与图像叙述中，在年年如斯的传统节日里，人，无论是沉默的大多数还是具体的天边或眼前的人，都恢复了自由与尊严，都散发出可敬畏的神秘氛围。如引起海内外轰动的库淑兰剪纸之所以伟大，就在于她既承袭了天以人为贵的传统，又敏锐地感受到新时代以人为本的审美趋向，将一个如邻家小妹的儿童意象，予以正面平视烘云托月的特写，成为须得仰视才见的崇高形象。人日这个节日，就是弥漫着这种特殊氛围的文化空间。事实上，笔者在不断地进行文献阅读和田野调查时，看着纷纭的文献记载，看着民间敬重如斯，渐渐觉得这还真是个绕不过去的日子。

人日溯源

初七叫"人日"，也叫"人七""人庆"，唐时还叫"人胜节"。世界不少地方都有着神灵七天造物造人的神话，中国古代也有。正月初七似乎集天地之灵气而成为人的生日，当然也是人的节日了。《北齐书·魏收传》引南朝董勋《答问礼俗》：

正月一日为鸡，二日为狗，三日为猪，四日为羊，

五日为牛，六日为马，七日为人。

这是中国的创世神话，即在创造出其他动物之后，第七天创造了人类。《荆楚岁时记》载："正月七日为人日。"《清嘉录》引东方朔《占书》：

岁后八日，一日鸡，二日犬，三日豕，四日羊，五

日牛，六日马，七日人，八日谷。

之所以不厌其烦地摘引，是追溯其源以存真，同时说明这与流传甚广的女娲造人神话似没有关系，是另一造人的创世神话系统。这时吹奏的是以人为本的节奏与旋律。

古人认为既然正月初七是人的生日，那当然以晴为好了。

阳光明媚，晴空万里，白云卷舒，那自会有天高地阔天下大同的眼界。倘若阴云浓雾，视域不过三尺，或雨水淅沥，道路泥泞难行，举步尚属不易，哪能有所作为呢？汉时东方朔的《占书》中就有"初七人日，从旦至暮，月色晴朗，夜见星辰，人民安，君臣和会"的说法。"人七"这天不仅有欢乐的仪式，而且物候气象也成为别有意味的象征，成为特别关注的对象。人日是萌生许久才进入史籍，还是初创时期就受到特别的厚爱而被记载存真尚不能定论，但从上述资料可以肯定，人日距今至少已有两千多年了。

贾充《李夫人典戒》称西晋以来，"人日造花胜相遗"，可见人日已经渗透到生活层面，形成一种风俗了。文中之"胜"，是古代戴在头上的一种首饰。这种互相传送花胜的习俗在唐代很盛行，因此唐人称人日为"人胜节"。又因为人是万物之灵，所以唐代又把人日称"灵辰"。唐代诗人对人日多有描写，如唐李峤《人日诗》有"七日最灵辰"之句。戴叔伦《和汴州李相公勉人日喜春》诗有"独献菜羹怜应节，遍传金胜喜逢人"之语，诗人把人日以菜羹应节和相送金胜两大内容生动地描写出来了。

不只民间，在一个文化空间里，在牵涉到超自然力的意味的时候，朝廷与民间往往互渗互补，展示为一个共同的心理倾向。唐代之后，每至人日，皇帝赐群臣以彩缕"人胜"，又登高大宴群臣。不少有关人日的诗歌，就是在这种氛围中撰写并留存下来的。明杨慎《艺苑雌黄》："古人七日贴人于帐，重人也。"

近代，此俗仍盛。《江南志书》："人日，妇女剪彩为人，或为燕雀相馈赠，以为鬓髻之饰。"在我国陕西、广东、港澳地区和东南亚一部分地区，至今仍保留了在年初七这一天见人就说"生日快乐"的习俗。

关于这天还有别致的一说。如《中华全国风俗志·河南》认为正月初七是火神生日，"初七为火神生日，夜间必放花炮，是谓放烟火"。火神生日看似与人日有一定距离，其实细想却是密切相连，甚至是一而二、二而一的。试想天地万物，能够发现火并能自如地运用火者，不就是万物之灵长——人吗？远在爱琴海边上的人们，不也认定那造人的伟大神祇普罗米修斯为盗天火给人间者吗？

人日之仪美如年节

人日在许多地方是比大年初一还重要的节日。

某年春节前，在电视台录制《咱们过大年》系列专题片，一位研究民俗近半个世纪的长者史耀增先生问，合阳风俗初七竟然比初一还重要，不知何故？说当地人若在外地，三十赶不回来不要紧，初一赶不回来也不要紧，但是初六之前一定要赶回来。初七为什么这么重要？他为此一直困惑。我当时虽有些感觉，可也莫能应对。现在当然知道了，是"人七"的圣洁之日，是给人过年呢。

有一次春节后要陪同韩国学者考察民俗，考察内容是洛川秧歌、安塞腰鼓等等。年前与当地联系时，那里大大小小的官员都很高兴，乐意把当地的非物质文化遗产推荐到全世界去，可是一听约定时间在正月初六、初七就犯难了，连连说初七人还要过年呢！机关都放假，农村也找不到人，要是过了初七，怎么都行啊。洛川县文化馆副馆长还念了当地的一段民谣"六不出，七不入，初八回来变成猪"以证明人七日必须在家的重要性，并说新中国成立后几十年春节放假都是初八才收假的。更多的人反复念叨着传递着这样一个观念：初一是给神过年，初七才是给人过年呢。

在这样的氛围中，阅读隋人薛道衡的《人日思归》才能品出滋味：

　　入春才七日，离家已二年。

　　人归落雁后，思发在花前。

据《隋唐嘉话》记载，这首诗是薛道衡出使陈国时在江南所作。人日竟重要到这种地步，它在诗人心目中跨越春节而成为苦恋故乡的焦点，两年异地宦游的痛苦已使他心绪敏感而脆弱，总是急切切想与花比拼看谁能先打开紧裹的心结，而又极度悲哀自己不如大雁那样能年年飞回故乡。诗人由人类的生日涌起的是返乡团圆的热望，由于种种缘由，只能处于知其不可而却向往之的折磨之中。人日的意蕴与魅力，于此可见一斑。需要提及的是，这首诗引发了唐代诗人李商隐的共鸣，他写《人日即事》诗云：

> 文王喻复今朝是，子晋吹笙此日同。
>
> 舜格有苗旬太远，周称流火月难穷。
>
> 镂金作胜传荆俗，剪彩为人起晋风。
>
> 独想道衡诗思苦，离家恨得二年中。

从隋入唐一直到中唐时期，这其中的痛苦穿越时空，仍能深深地打动李商隐的心扉而诉诸歌吟。李商隐现实有种种难言之隐，故多以历史人物事件来暗示比附，以期有心人理解其苦衷。诗中诉说道衡数年离家之苦味，义山本人何尝不如此呢？可见人日在中国人心灵上沉重的分量。

人日之时，在外的人想家乡，而在家者则祈福祝寿。对于特别讲究生命长度的中国人来说，更是这样。如台湾地区的人家，则要在神祇面前点七支蜡烛，供奉生果三至五包，以面线为祭品，祭祖拜神，祈求一家人的长寿。

作为一个全国性的节日，人日最主要的节俗活动是做人胜，或戴在发间，或贴在屏风、床帐，或用来馈赠。《荆楚岁时记》云：

"正月七日为人日，以七种菜为羹。剪彩为人，或镂金箔为人，以贴屏风，亦戴之头鬓。又造华胜以相遗。""胜"本来是妇女的一种首饰，它有多种，如人胜、宝胜、花胜、春胜等。美的形象需要精致的意象来修饰来叠加，看一个个翠翘翘的人儿，轻盈的脚步，妙曼的姿容，在人类的生日中扮饰成不断滋生诗情的造型。

人日多用人胜和花胜。人胜即剪如人影，它因其省略细部虚拟整体而易将心仪的人积淀其中，女性喜欢将其戴于鬓边或用来赠人。花胜近似时下的花结。《后汉书·舆服志》：

> 太皇太后，皇太后入庙服……簪以玳瑁为擿长一
>
> 尺，端为华胜，上为凤凰爵，以翡翠为毛羽。

宝胜即剪彩为胜，饰以金玉。唐崔日用《奉和人日重宴大明宫恩赐彩缕人胜应制》："金屋瑶筐开宝胜，花笺彩笔颂春椒。"宋杨万里《秀州嘉兴馆拜赐春幡胜》："彩幡耐夏宜春字，宝胜连环曲水纹。"元萨都刺《汉宫早春曲》："金环宝胜晓翠浓，梅花飞入寿阳宫。"春胜，原为立春日剪彩成方胜为戏或为妇女首饰。宋苏轼《章钱二君见和复次韵答之》："分无纤手裁春胜，况有新诗点蜀酥。"陈维崧《眉妩·千子除夕》词："算今夜，笑语香街沸，有春胜双飐。"

如上所述，当时的人们制作好精美的胜，扮饰并提升自身的生活情境或主体意象，无论是贴于屏风、床帐，或者佩于鬓发，

或者馈赠亲朋，或受赐于高层，都会带来生命高峰体验般的欢乐。《荆楚岁时记》云：

> 剪彩人者，人人新年，形容改从新也。

华胜，起于晋代，贾充《李夫人典戒》中云："像瑞图金形之形，又取自王母戴胜也。"

果然，我们在《山海经·西山经》里看到了西王母"蓬发戴胜"的记载。前引李商隐《人日即事》"镂金作胜传荆俗，剪彩为人起晋风"诗句以互文的方式将人七日剪彩作胜节俗遍及南北的盛况写得精致又辽阔，而且似有追溯人胜渊源的意识。唐徐延寿五律《人日剪彩》写得更为具体传神：

> 闺妇持刀坐，自怜裁剪新。
>
> 叶催情缀色，花寄手成春。
>
> 贴燕留妆户，粘鸡待馈人。
>
> 擎来问夫婿，何处不如真？

怜者，欣赏也。自己珍惜欣赏还不够，希望相亲相悦者也能珍爱。女为悦己者容，此时此刻是女为悦己者剪。知音如不赏，岂不是剪彩空劳了吗？创作完成，庆祝人的节日，也是庆祝自己的生日，便落实在一个富有生活情趣的细节中：郑重其事而轻轻举起巧夺天工之作，含情脉脉地问夫婿，哪个地方不像真的一样？中国人欣赏河山风景，每每希望其如画，而评判艺术创造，却又渴盼其逼真。这在艺术美学层面不见得是高超的目光，但在场者的心情意绪，却非如此不能贴切地传导出来。那鲜花嫩叶，青翠欲滴；雄鸡飞燕，高唱轻舞……在夫妻心心相印两相对之时，都成为欢乐的意象了。

民间人日选"皇后"

中国七日造人的神话虽未标示创生神的名姓，民间却有着人日选"皇后"的习俗。半个多世纪前，广州地区青年男女在人日这天结伴到郊外游玩，评选"人日皇后"，中选者主持一天的活动。感谢现代作家欧阳山，他在长篇小说《三家巷》中难能可贵地记载了南国这一传承既久的习俗：

> 姑娘们继续拨开山光和云彩往前走。路旁的柳树摇摆着腰肢，紫荆花抬起明亮的笑脸，欢迎她们。陈文婷感到胜利的骄傲，就像黄莺似的唱起区家姊妹完全不能领会的英文歌来。走了好一会儿，到快要爬山的时候，前面的男子们停住了。李民魁一面掏出手帕来擦汗，一面兴高采烈地对姑娘们宣布道："我们六个人一致投票，选出了今天最美丽的姑娘做'人日皇后'，她就是区桃！你们赞成不赞成？"周炳问："皇后要做些什么事？"陈文婷插嘴道："还没选定呢，你看你急的！"

李民魁解释道："今天的皇后专管游山。到哪里，待多久，食物怎样分配，都归她管。"陈文婷唧唧咕咕地自言自语道："好大一个皇后，怎么不把婚姻也管上！"她越想越生气，就抢先说道："我一个人，投一万张赞成票。论人才，除了桃表姐还有谁呢？咱们省城的大街小巷，哪一个不认得'美人儿'？光论相貌鼻子嘴，我倒认真赞成工农兵学商的排班次序呢！"说完，她就不理别人，一个劲儿往凤凰台山顶上冲上去了。她那心灵，刚才不久才叫胜利的喜悦滋润过，如今却又叫突然的失败给扯碎了。她淌着汗，又淌着眼泪。她掏出手帕来，既擦汗又擦眼泪。下面，大家伙儿又愉快又兴奋地往上爬着，享受着这个春节的假日。

需要说明的是，长篇小说虽是创作，但大凡写实风格的，无论古今中外，都是情节可以创造，细节不能虚构的。这里所写的民众们自己即兴推选"人日皇后"，正是作家将其编织进艺术建构中的民俗亮点。或许我们会因这一选美产生一些联想和感慨，春节的这个节点在民间竟有如此美妙的创意。

成都人日游草堂

成都这一习俗与诗圣有关。杜甫早年漫游时，曾与李白、高适两位相遇。他们白日携手畅游梁宋，观山则情满于山，观水则意溢于水；夜晚则同观星垂平野，静听窗外树声，卧谈诗酒，结下了真挚的友谊。杜甫流寓成都，高适也恰巧在蜀州刺史任上。上元二年（761年）正月初七，高适写诗《人日寄杜二拾遗》，以表达对朋友的思念。诗云："人日题诗寄草堂，遥怜故人思故乡。"大历五年（770年），漂泊江湘的杜甫一日偶翻书帙，这首诗又出现在面前，而它的作者高适已亡故。时过境迁，物是人非，重新读过，字里行间内蕴陡增。朋友的笑容仿佛就在眼前，那或轻或重的话语，似乎仍在耳边，一切的一切都好像发生在昨天一样，而今却只能成为悠远的回忆了。杜甫遂写下《追酬故高蜀州人日见寄》一诗，以寄哀思，诗中云：

自蒙蜀州人日作，不意清诗久零落。

今晨散帙眼忽开，迸泪幽吟事如昨。

检点诗函，追忆往昔，情随泪迸，幽幽吟哦。这酬唱，如五味瓶打翻之后的万般滋味，吟者自吟唱，听者何渺茫！这是超越生死两界的高情厚谊，这是融人日与身世之感的真情诉说。从此，高杜"人日唱和"的故事便传为诗坛佳话。

清咸丰四年（1864年）初，时任四川学政的何绍基在果州主持考试，竣事后，返成都途中留下著名对联："锦水春风公占却；草堂人日我归来。"何绍基何等人物，既是诗人，又是对联家，还是书法大家。虽然迟到千余年，他当然熟知此地当年唐代诗家生死之际的动人唱和。出于对诗坛圣哲的敬畏，抵蓉后前往草堂不敢轻率，特意住宿于郊外，一直待到初七人日，才毕恭毕敬拜谒草堂题就此联。这副对联至今仍悬挂在杜甫草堂工部祠大殿外。此联之妙，在于上联尊崇诗圣占却锦水春风，暗含诗人及其圣迹融入风景而成为风景的一部分，而下联却是一个包容来者的召唤性结构：草堂人日"我"归来，即是说现场的任何一个读者都会融情入境，成为潜隐的联语抒情主人公，成为与诗圣对话的后来者。这会带来参与式的体验美感和冲动。先是骚人墨客悠然会心，竞相效仿，于每年人日云集草堂，挥毫吟诗，凭吊诗圣，继而民众纷至沓来，渐演成俗。于是，每年正月初七，成都人或携妻将子，或呼朋引伴，乐滋滋地前往西郊杜甫草堂，参加一年一度的传统民俗活动——人日游草堂。

广州赏花游乐处

据娄子匡的《新年风俗志》记载："逛花地，初七是'人日'。那天，广州西南隅有一处地方叫花地的，很多人都要跑到那边玩。"在正月初七，即人日这天，广州人有一项特有的传统活动——成群结队地去花地赏花，俗称"游花地"。而人日所游花地，据考证就是今天的芳村花地湾。

烟雨井边春最闹，素馨田畔棹方向。

千年花埭花犹盛，前度刘郎今可回。

清光绪二十二年（1897年），康有为在广州办万木草堂，人日那天带着母亲、妻子和女儿，全家坐船游花地，并写下这首《人日游花埭》的七绝。康之诗重在人日赏花，用传统节庆之框架，又继以刘禹锡再游玄都观昂然不屈之意绪叠加，凸显出诗人社会改良之抱负。而人日赏花，岂不是希冀人类诗意栖居的氛围吗？对于志在千里、忧患天下的康有为来说，人日赏花之诗仍有着博大的气象和厚重的力量。

据民俗学专家叶春生教授介绍，早在明清时代，广州花地已很繁荣，当时讴歌花地的诗文已有不少。清代中叶以后，花地先后建了三十多处大小园林，著名的有留香、醉观、纫香、群芳、新长春、翠林、余午圃、合记等。著名学者康有为、张维屏等都曾居家于此。各名园多于正月初七、正月十五、五月初五、七月初七、八月十五等日摆设"花局"，供人观赏。有些园主还邀集文人学士，吟诗联句，以助雅兴。据说，还成立了不少诗社画苑，如花田、杏林、海楼等诗社在当时都颇负盛名。纫香园主还特邀光绪举人梁修，面对园中诸花一一题咏，书于花木之前，成为著名的"花埭百花诗"。而据考证，被誉为"岭南第一花乡"的芳村，明代时已形成花市。

游花地可能是戴胜活动的延伸拓展，戴花胜、宝胜、金胜、鸟胜、人胜、方胜，都是对自然美丽物象的模拟拷贝，都是浓缩环境叠加于人自身的扮饰。你可以在桥上看风景，看风景的人也可以在楼上看你。因为人可投影于身边的环境，成为环境情景的组成部分，亦如山水花草树石一样唤醒愉悦之感。人的美饰自不必说，环境的美饰亦是人的智慧与力量的直觉呈现。

三峡人日蹋碛

据《成都图经》记载，诸葛亮当年在夔州城外的沙石滩上以八卦阵取胜，于是从西晋开始，夔州人每到人日这一天便倾城而出，成群结队在城外的沙石滩上散步，时称"蹋碛"。碛，指沙石堆积的浅滩。散步时，女子拾一些可以穿彩绳的小石头，挂在发髻上，既悬垂以为美饰，亦祈祷"以为一岁之祥"。本州最高长官则设宴于碛上，纪念诸葛武侯。民间与官府如此呼应，既有丰厚的内蕴，又有庄严的方式。陆游诗歌《蹋碛》，写的就是三峡地区人日蹋碛的民俗：

> 鬼门关外逢人日，蹋碛千家万家出。
>
> 《竹枝》残戚云不动，《剑器》联翩日将夕。

正月初七日，鬼门关（石门关）外的夔州，千家万户倾巢而出，登上八阵图的碛坝，女人们唱着巴渝忧伤的古歌谣，以致云彩惨戚而凝冻不流。男人们和着这古老的旋律应节弄剑，歌舞翩跹，一直到傍晚。既有历史记忆的悲凉清唱，似江流来自遥远，悠悠地向远方飘逸而去；又有现世舞蹈的生命狂欢，手应曲，心应鼓，一舞剑器震四方。热血为之奔腾，星月为之惊叹。人的生日，人类的生日，非此悲不足以道其深邃，非此乐不足以抒其浩气！

犹思剪韭荐春盘

人日饮食，也有其特色之处。

七宝羹

食七宝羹是人日的习俗。清乾隆《泉州府志·卷二十·风俗》："人日，《闽书》：泉人以是日取菜粿七样作羹，名七宝羹。"后附夹注"《荆楚岁时记》：人日以七种菜为羹"。可见当时福建、湖广一带都是食七宝羹过人日，能成风俗，说明范围会更大更广。

人日时，广州家里的老人会起个大早忙着煮东西，其中一样就是"七样菜"（即七宝羹），这是初七人日必备的一道菜，家里每个人至少都要吃上一口，老人才肯罢休。这种习俗，现在仍然在一些地方存在，如广州、潮汕一带。人日这天，还是个美食共享日，以此来除去邪气，医治百病。在潮汕地区有这样的民谚："七样羹，七样羹，大人吃了变后生，奴仔吃了变红芽，姿娘仔吃了如抛花。"这七样菜一般都包括芹菜、蒜、葱、芫荽、韭菜五种，另外两样可灵活掌握，有的用鱼、肉，有的用其他菜来凑数。"七样菜"要一锅煮，煮好后全家人一起吃。这不是简单的果腹，而是别有意味的餐饮仪式。"七"在中西文化中都是圣数，代表"东西南北上下中"，有着巨大而吉祥的包容，而所罗列的菜蔬，都是味鲜的香菜之类，对人品的涵润，对美德的滋养，对命运的美化都在此情此境之中。这让人联想到屈原《离骚》中的吟唱："朝饮木兰之坠露兮，夕餐秋菊之落英。"以香花香草香菜为食为饮，正在于祈愿自身升华而高洁。当然在民间俗信层面，还可多向度展开。据田野调查资料，有老人说，吃了"七样菜"，可以捡金拾银发大财。不过，还有一种巧思，借七样菜名的谐音，取个吉利。因为芹菜的"芹"谐音"勤"，"蒜"谐音"算"，"葱"谐音"聪"，芫荽的"芫"谐音"缘"，韭菜的"韭"谐音"久"，"鱼"谐音"余"，吃肉表示富裕，吃了这七样菜，合起来就是勤快、会谋算、聪明、有人缘、长久幸福、有余富足的意思，以示人们对家庭幸福的期望。

七宝羹到唐时可能已演变成五辛盘，或许即后世的和盘，而这一风俗传到日本则成为重要庆典上的七草粥。

熏天饼

旧时人日还有"熏天"之俗。具体做法是在庭院天井露天里做煎饼，以烟火熏天，俗称"熏天饼"。

《荆楚岁时记》和《辽史·礼志》都著录了这一习俗。何以如此？清雍正八年刻本山西《石楼县志》说是为了避瘟："人七日，以糠秕熏门，以避瘟。"在我们先民的心目中，年节往往都带有关口的意味，一切不知名的邪恶瘟疫都会窥伺在侧，需要用种种仪式或超自然的力量来驱逐震慑。人在生日那天，好像回到刚诞生的时候一样新鲜而脆弱，更需要火啊烟啊将那些怪力乱神吓走呛跑。还有如《中华全国风俗志·河南》所述放火熏天是庆祝火神生日："初七为火神生日，夜间必放花炮，是谓放烟火。"火神，前面已说过，在深刻的层面就是人的形象，万物能生火者唯人而已。火神生日与人日重叠，是很有趣的。

陕西礼泉烙面值得在这里写一番。它源于补天煎饼，亦与煎饼等值。在陕西地区流传的神话中，煎饼往往取代五彩石而具备补天之功能。每到正月廿三补天节时，人们往往烙煎饼扔上屋顶以为补天，掷于水井以为补地。补天节古代是全国性的节日，后来在北方特别是陕西、山西、河南等地一直传承下来，地方志书多有记载。如陕西省的乾隆《富平县志》、乾隆《临潼县志》、乾隆《同州府志》、乾隆《蒲城县志》、光绪《高陵县志》，山西省的康熙《解州志》、同治《阳城县志》、光绪《河津县志》和河南省的嘉庆《渑池县志》等等。

具体说来，《岁时广记·系煎饼》引晋王嘉《拾遗记》："江东俗号正月二十日为天穿日，经红缕系煎饼饵置屋上，谓之补天穿。"

宋李觏《正月二十日俗号天穿日，以煎饼置屋上，谓之补天，感而为诗》："娲皇没后几多年，夏伏冬愆任自然。只有人间闲妇女，一枚煎饼补天穿。"

明杨慎就其自己经历以为天穿节食俗早已风化。其《词品》叹息道："宋以前正月二十三日为天穿日，言女娲氏以是日补天，俗以煎饼置屋上，名曰补天穿。今其俗废久矣。"

其实这一习俗在陕西完好地传承着。明正德《朝邑县志》卷一"风俗"说："二十三日置煎饼屋上补天，是日仍不得食米。"

乾隆《富平县志》："二十日，置面饼层宇上下，曰补天地。"

嘉庆《渑池县志》："二十日，搦煎饼房屋上，并置地上，名曰补天补地。"

民国《安塞县志》："二十日，家家吃煎饼，名曰补天。"

而食之于腹便是与图腾神圣同体，带来吉祥如意。煎饼卷折即食，卯汤便是烙面。而烙面这一种独特的餐饮是远古文化的活化石，是图腾同体的祝福与祈愿的践行仪式。补天补地补人心，唯愿万物出混沌。值得注意的是，这里吃熏天饼这一食俗，与煎饼补天之仪式有重叠之处。也许，民间往往将历史记忆融入衣食住行的常规生存层面，便于世世代代传承下去，但这样就有将七日造人之说与女娲抟土造人之说融合为一的意向。事实上有的地方已将二者混而为一了，以至有学者特别给予界别。与女娲补天相连的饮食民俗，如以煎饼补天补地，在一些更为广大的地区作为历史的记忆成为民众的共识，有的地区则不知其所以然了。这说明在春秋战国时代，以孔子为代表的"子不语怪力乱神"的实用理性精神，造成的神话传说与远古历史的断裂与隔膜是多么厉害，每每让人有《广陵散》绝唱般的惆怅。

春饼

春饼原是立春日的标志性食品，也许因为日期相近或不时叠加的缘故，在岁月的推移中，不知不觉晋身成为人日食品。且其以京华为代表，历史似乎也相当久远。杜甫《立春》诗有"春日春盘细生菜"之句，明末刘若愚《酌中志》亦有"初七日，人日，吃春饼和菜"的描述。和菜就是春盘，包括生萝卜、白菜心和鲜黄瓜，再加上绿豆芽、开水焯过的绿菠菜，荤腥物有酱鸡丝、白鸡丝、肚丝、蛋皮丝，以及酱肉丝、咸肉丝等等，多种食材和在一起，所以叫作"和菜"。

现代民俗家邓云乡在《云乡话食》中曾深情忆及早年食用春饼，说得随和亲切、具体详尽且津津有味。他说：

> 春饼就是薄饼，即全聚德吃烤鸭时的那种薄饼，又名"荷叶饼"；不过家中做的比店中好，面粉和得软些，和好过一会儿再做；用两小块水面，揉一揉，按按扁，中间抹些油，用擀面杖擀成薄饼，在平底锅子上烙，时间不长，两面对翻之后，即发出饼香，熟了；拿在手中，轻轻一拍，因中间有油，自动分开，又可掀成两张；抹一点酱，把盘中的生、熟菜丝卷入饼中，便可大快朵颐了。家中吃时，春饼可一边烙，一边吃，饼又热、又软、又香，不要说吃，就是这样说说，也口角生津了。吃过春饼，表示严冬已去，燕台的春天又来了。

邓云乡几十年后回故乡，下车之日恰是人日，便戏作一《浣溪纱》：

> 稍怯余寒刺面酸，试灯期近政堪怜，西山如梦月依弦。　喜得归车人日酒，犹思剪韭荐春盘，凤城赋饼记团圆。

词中所用的就是春盘、春饼和束皙《饼赋》的典故，而弥漫在字里行间的人日情怀让我们感受到一种天人相合古今不隔的滋味。

面线

新加坡的华人和台湾、江浙、两广一带的人们人日讲究吃面线，取意仍是东方朔面长则寿长的故事。话说汉武大帝一日说起人中长则寿长，面长则寿长，如此话语让东方朔听不下去，捂着嘴吭吭吭地笑了。武帝便问何以如此，东方朔说圣上英明，我只是笑彭祖脸太长了，你想，人中长面长者则寿长，而彭祖享年八百多岁，那他老人家的脸得多么长啊！这个故事在口头传播中不知从哪儿拐了个弯，民间习俗中以为生日要吃长面，面长则寿长嘛。每个人的生日要吃，人日这天也要吃，生日吃长面以祈愿长命百岁，面条的修长及光滑顺溜在这里都具有了人生的象征意味。面条的形态上有长短宽窄薄厚扁圆之别，作为面条的一个家族成员，面线断面是圆的，有粗有细，又叫"长寿面"。清末陈德商《温陵岁时记》："亦有熟煮面线，合家团食，若寿日。俗以是日为人生日云。"这一天的清早，家庭主妇要比平日更早起床，为全家老小煮一锅美味可口的面线，放入春节期间早已准备的肉丸子、炸排骨、鱼丸、香菇、虾米等。在晋江还有一种和其他地区不同的做法，即面线中加入几块甜煎粿。备好面线以后，主妇又得准备一些煮熟剥壳的鸡蛋和鸭蛋，每人两个，因民间传统是"一鸡一鸭，吃到一百"，而食鸡蛋鸭蛋本身就具有破混沌开创新天地的神话色彩。其风俗如过生日吃鸡蛋、鸭蛋一样，其差别只是一人生日和众人生日而已。

　　捞菜与及第粥

　　广东人过人日往往要吃捞菜，比如捞鳝片啊，捞肚丝啊，捞海参啊，重要的不是捞这一饮食动作，而是捞本身所附带的吉祥意蕴：越捞越高，越捞越起，越捞越旺，越捞越香……据说这一习俗源于番禺、顺德一带，后逐渐流行，让更大范围的人们都享受到人日捞菜之乐。其甚至波衍出新的分支而成为新的家庭饮食品类，如南方由捞菜演为"捞鱼生"（类似吃生鱼片）的习俗，推衍传播，今天马来西亚华人大年初七就讲究食用捞鱼生。因为人是此日诞生的，所以用七种色彩来庆生。七彩鱼生特别美味，用七样不同颜色的食材，有生姜、酸瓜、橘子等等，再加上生鱼片，一家人把所有食材一起"捞"（拌），寓意吉祥幸运。在中国北方则用炒过的大米拌上饴糖，做成球状或方状食品食用，叫"响太平"，寓意"太平安康"。

　　古时逢人日，还时兴吃及第粥等象征吉祥如意步步高升的食物。及第粥的主要材料是猪润（猪肝）和猪肠，润者富润之意，而"肠""长"同音，以肠的曲折回环，喻其如佛教八吉祥图纹中的盘长纹一样，首尾相通而底气丰沛，自始至终无遮无碍，顺畅自如，四通八达。

第八章

元宵节

第一个月圆之夜

如果说大年初一是新年第一天，是新年第一次升起的太阳；那么，正月十五就是新年第一个明丽的夜晚，第一个圆圆的月亮，故又叫"上元""元夜"。古代又称夜为"宵"，正月十五遂又称"元宵节"。元宵节以张灯为乐，又称"灯节"。元宵节是春节最后一个重要的节点，恰如大河的一个重要支流，而它自身又源远流长，浴日泊天，波澜壮阔。

元宵节的源起

　　元宵节的起源和春节其他节点一样，也是流派众多，色彩纷呈。

火崇拜说

　　有学者认为，元宵节最早起源于原始先民的火崇拜。原始人发现火的神奇功用之后，觉得它能使无法制伏的猛兽逃之夭夭；能使腥臊难嚼的肉类变得油香味美且柔嫩爽口；能使黑暗遮蔽的周围一切回转过来，恐怖神秘变得明亮而安全；能让风吹背后寒的夜晚有着火烤胸前暖的舒展与温馨……先民们便以为火能驱除一切妖魔鬼怪，于是在满月之时点燃篝火，举行以火为崇拜意象的驱鬼仪式，人人都载歌载舞，掌灯点火，从此相沿成习。最先形成的仪式便是"傩"。《福建通志》引《连城县志》："自正月初三至十五日止，邑中朱裳鬼脸，仿古礼以为傩。"而掌灯点火的傩则渐渐演化为灯节了。

祭祀泰一神说

汉朝以前没有元宵节，但有通宵点灯、祭祀神祇的习俗活动。到了汉代，楚地祭泰一神的民俗进入宫廷。

据《史记·封禅书》记载，汉武帝时，亳人缪忌奏请祭祀泰一神。根据亳人缪忌的说法，古来天子都在都城东南郊设坛祭泰一。泰一又称"太一""泰乙"或"太乙"，是天神中最尊贵者，其位在五帝之上。远在战国时，泰一神就被祭祀，《易传》说："至高无上谓之泰，绝对不二谓之一。"从此泰一就是上帝之名，上帝就是泰一即太一之位。据记载，武帝祭祀时，对五帝及诸神不过长揖而已，似乎认定自己与之可以平起平坐，只用虚应客套礼貌一下，唯对泰一神虔诚跪拜。汉武帝无论是得天马还是伐南越，甚至冬至之日，都要祭泰一，其中正月十五最为隆重、盛大，灯火始于黄昏而彻夜不熄。如《史记·乐书》所记："汉家常以正月上辛祠太一甘泉，以昏时夜祠，到明而终。"祭祀的渊源则可追溯到中华先民初期的火崇拜，沿袭到汉便是通宵点灯到黎明，由此逐步衍化为元宵节。对此，古人已有认识。唐徐坚《初学记》载"今人（指唐代）正月望日夜游观灯是其遗事"也对汉家祭泰一为元宵节直接前身作了认可。

燃灯礼佛说

正月十五放灯之俗始于汉武帝祀泰一神，主要在皇宫内举行。宝塔式的社会结构中，皇宫中的仪式会引起全社会的关注、羡慕与仿效。据文献记载，东汉明帝永平十年（67年），蔡愔从印度求得佛法归来。佛教仪典的步行燃灯和佛舍的放光雨花等等，无不以其神秘、圣洁和美丽，成为善男信女芸芸众生模仿的对象。据《初学记》引《涅槃经》曰："如来周维讫，收舍利罂置金床上，天人散花奏乐，绕城步步燃灯十二里。"又引《西域记》载："摩喝陀国。正月十五日，僧徒俗众云集，观佛舍放光雨花。"于是，佛教正月十五的燃灯仪典便普及到社会，成为元宵节亮点之一。据文献载，汉明帝提倡佛教，下令正月十五在宫廷和寺院燃灯表佛。可见，原有的神仙术与佛教仪典结合，自宫廷到民间，形成了一个中外合璧的节俗。

以上二说有文献依据，似可构成原生意蕴。但节日的意义世界宽阔博大，不少民间传说纷纷涌入，成为生生不息的节庆次生意蕴或再生意蕴，甚至构成俗信的强大力量，故不得不重视与著录。

玉皇醒民说

相传远古时代，玉皇大帝为统治万民，派灶神了解民情，然后在腊月二十三上天回奏。灶神回奏说，百姓劳累一年了，从不歇息，长此下去将累坏身体。玉皇大帝忧民心切，便命神仙在腊月初八早上，在百姓粥里下药，变成了大豆、花生、芝麻等，这种粥俗称"腊八粥"。百姓吃了腊八粥果然开始休息，只知道玩乐。眼看到了正月十五，百姓依然在狂欢，五皇大帝便命神仙将百姓的晚餐变成了元宵，里面包着芝麻、核桃等，人们吃了它灵醒了许多，恢复了往日的劳作。所以说，吃完元宵预示着年即将过去，新一年的农业生产马上要开始了。

这种民间传说风趣且充满了提倡劳逸结合的精神。以玉皇大帝的名义，强调生活生产方式与自然节律的协调。记得笔者在凤翔师范任教时，布置调查民俗，有同学告知，甘肃人嘲笑陕西人，一吃腊八粥就糊涂了，在集上见啥买啥，大鱼大肉胡吃海喝，过了十五没啥吃了，只好到二月二数着吃豆豆呢。这与上述玉皇醒民传说异质而同构，虽一崇高一世俗，但内在的意味是相通的。

《正月观灯》，清院本《十二月令图册》之一，描绘的是农历正月十五闹元宵的情景。

玉皇天鹅说

据民间传说，古代有只天鹅降落人间，被猎人射伤。玉皇大帝为了替天鹅报仇，准备在正月十五派天兵天将下凡，把人畜全部烧死。有位仙人不忍，冒着生命危险，将此天机泄露人间，让人们在正月十五前后，家家挂红灯，户户放火花火炮，装出已起火的样子，瞒过玉皇大帝。这样人间才避免了一场灾难。

状元下凡说

闽南地区有一传说：天上有一状元天神下凡，他是一孩童，也喜欢玩灯火游戏，把黑夜变成白天，于是便有了玩灯放花的元宵节。

文帝庆贺说

从祭祀到元宵节俗的成型，中间需要一个质的飞跃，即定时开展群众性的玩灯娱乐活动。传说，这一飞跃是与汉文帝的提倡分不开的。汉文帝是周勃勘平诸吕之乱后上台的。戡平之日，恰是正月十五。汉文帝兴奋不已，下令连夜出宫游玩，"与民同乐"，彻夜不息。是时，处处燃灯火放光明。从此，文帝年年正月十五要出宫游乐。古语中"夜"又作"宵"，文帝就将登基之日的狂欢之夜称为"元宵节"。

东方朔巧助元宵女说

　　相传汉武帝时，有不少民间少女被选入宫，从此宫女们如同终身囚禁而难回家门。一天，侍臣东方朔受汉武帝差遣，到后花园折梅花。（皇家后花园，岂容臣子随意进出？不过，在神话和民间传说里，讲述人有着最高的话语权，历史与现实的规则都须让位于叙述的逻辑与线索。）刚进园门，见一宫娥泪流满面向御井扑去，他慌忙上前拦救。一问方知，这个宫娥名叫元宵，家住长安西北山间，家中尚有父母、妹妹；入宫后，每逢年节倍思亲，想到自己不能侍奉双亲，肝肠寸断，不如一死了之。见元宵女痛不欲生，东方朔顿生恻隐之心，劝解一番，答应圆她团聚之梦。他眉头一皱，计上心头，便如此这般地交代了一番。事后东方朔便扮成一个民间占卜者，在长安城内为百姓行占卖卦，乘机传出了"正月十六火焚身"的凶卦及"长安在劫，火焚帝阙，十六天火，焰红宵夜"的偈语。灾讯一出，不胫而走，引起朝野一片恐慌。人们纷纷祈求消灾良方。汉武帝也惊恐得急召东方朔，问灾异如此，有何对策良方。东方不露声色告诉汉武帝："听说天上火神最喜吃水点心，宫女元宵不是也常给你做水点心吗？火神当然也知道她做的好吃，可在十五晚上让元宵做水点心为供品，万岁亲自焚香上供；另传谕百姓，家家户户做水点心，一齐敬奉驾临长安上空的火神，火神受了贡奉，自会心软下来；

再传谕宫内外臣民倾门而出，大街小巷挂起灯，燃爆竹，好像满城大火，以使在上天观察的天帝不致生疑才好。"见东方朔说得有鼻子有眼，汉武帝自然一一遵从。届时长安城内千门万户纷纷做水点心，挂红灯，放焰火，从街坊到宫廷，万人空巷，皇帝也微服隐入百姓中消灾同乐。宫女元宵便在东方朔的巧计妙算下，乘机与家人相见团聚。吃了元宵，闹了焰火，长安城安然无恙。汉武大喜，第二年要臣民照样办理，并照样让元宵做水点心供奉火神。因十五这天元宵女做的水点心最好，火神也满意，于是人们就将水点心叫"元宵"，这天叫"元宵节"。

隋炀帝骗妹说

传说隋炀帝三宫六院七十二嫔妃广纳旁采还不满足，居然色迷心窍想娶自己的妹妹。这位天仙似的妹妹心地善良纯洁，岂能应允如此丑恶行径。她也明知硬扭不过，便发誓说除非正月十五出现繁星满地的奇迹，才可成婚。这道难题对隋炀帝来说小菜一碟，更何况他还能写诗，有点想象力。再说，趋于疯狂的独裁者皇帝向来都是"和尚打伞，无法无天"的。他遂号令京城四周百姓到十五晚每户燃灯火，违令者斩。到了正月十五这天晚上，妹妹登城四望，见京城远远近近满地亮光，误以为真是繁星满地，羞愤不已，纵身投河自尽。为了纪念这位性情刚烈不甘被凌辱的女子，民间每逢正月十五都燃灯。

灯树光焰照亮古今

汉文帝庆贺铲平诸吕、汉武帝准奏祀奉泰一神等等，或史籍记载，或民间传说，都标志着元宵节源起于汉代。东汉班勇《西域记》云，印度摩揭他国正月十五僧尼俗众云集，观佛舍利放光雨花。汉明帝为弘扬佛法，特意下令正月十五在宫廷和寺院"燃灯表佛"。这是借宗教的影响而营造官民同乐的广场娱乐形式。

而隋代对元宵节的一抑一扬颇有意趣。隋文帝曾禁止元宵节娱乐，隋炀帝即位后却反其道而行之。父子相继，天子话语规束天下，元宵节的政令却如同霄壤，真是此一时彼一时也。

据《隋书·柳彧传》载，柳彧曾上书文帝，请求下诏禁绝这些节日风俗，说京城和州县每逢正月十五夜，人们"充街塞陌，聚戏朋游，鸣鼓聒天，燎炬照地，人戴兽面，男为女服，倡优杂技，诡状异形"，"以秽嫚为欢娱，以鄙亵为笑乐，内外共观，不曾相避"。这位老夫子以为带有狂欢意味的元宵百戏，有伤风化，会带来不稳定因素。

古代以礼治国者总以为男女性别秩序既脆弱又是社会秩序的基础，一旦民间稍有世俗欢乐男女交游之举，就会破坏稳定秩序，使千里之堤毁于蚁穴。强化单向伦理精神，否认人的多向度追求和节庆中的超自然崇高与神秘意味，似乎成为古代统治者的思维模式。中国的广场狂欢娱乐之不发达与这种狭隘的心态有关。节庆原本就是健康元素的迸射，原本就是狂欢花朵的绽放，自然会男女混杂，炫耀服饰，超常消费，欢娱笑乐，摆脱世俗等级的束缚而回到纯真的原始和童年，哪怕只是在此时此地此一瞬间，那也是心灵的自由和解放。而封建决策者当然站着说话不腰疼，把平民百姓看作随意捏在手中摆布的棋子，一只囚系在笼中鸣唱的鸟儿，一头鞭策下拉犁套车的牛马，却从来没把他们看作一个人，一个有思想有感情的独立生命。看着民众活蹦乱跳，说笑嬉闹，便有着是可忍孰不可忍的冲动。岂不知倘无节庆时消费的欢乐行为，人们如何能确认生产生活的合理性与目的性呢？

隋文帝采纳此说并雷厉风行地禁止元宵节张灯及娱乐活动。据《隋书·长孙平传》，长孙平任相州刺史有政绩，名声颇佳，却因在州数年禁元宵节不力，正月十五百姓仍演大戏，龙颜大怒，将他免职。

文帝禁断有禁断的理由，而炀帝张扬有张扬的魄力。大业六年正月，西域少数民族首领云集洛阳，隋炀帝于正月十五在洛阳皇城端门街举行百戏活动。《资治通鉴·隋纪》：

　　戏场周围五千步，执丝竹者万八千人。声闻数十里，自昏至旦，灯火光烛天地，终月而罢，所费巨万。

《隋书·音乐志》：

> 每岁正月，万国来朝，留至十五日，于端门外建
> 国门内，绵亘八里，列为戏场。百官起棚夹路，从昏达
> 旦，以纵观之，至晦（正月卅日）而罢。伎人皆衣锦
> 绣，其歌舞者多为妇人服，鸣环佩，饰以花耽者，殆
> 三万人。

李颖科、郭兴文著作《春节》认为，自此，一扫汉代敬神礼
佛的节日观念，而开元宵节行乐之端。笔者觉得世人所谓元宵节
之"闹"的特征，大约自此而凸显。在权力凝聚与专制的时代，
皇帝的兴趣往往是时尚的策源地，自然由宫室殿堂而街头巷尾，
而村镇田园、江山朔漠，波衍开去，相沿成习，处处拷贝，年年
如斯。近乎十里长街的广场歌舞演出，时间延至一月，仅演员美
饰者竟达数万之众，对于缺少广场艺术、群体狂欢的国人来说，
这是多么难得的宣泄平台，这是多么丰盛的艺术大餐啊！那观者
如潮自不待言了。隋炀帝曾赋诗《元夕于通衢建灯夜升南楼》描
述这一盛况：

> 法轮天上转，梵声天上来；
>
> 灯树千光照，花焰七枝开。
>
> 月影疑流水，春风含夜梅；

> 燔动黄金地，钟发琉璃台。

杨广其人诗才不错。可惜其暴虐统治污染了自己诗人的名声。诗歌所营造的纯粹空间里，超自然力的法轮梵声等意象为元宵节笼罩上了浓郁的宗教色彩和崇高意味。灯树成林晶莹耀眼，焰火如花怒放如潮，月影清静春风含香，仿佛有着触动人心灵最柔软之处的温馨，此时此地此情此景，别人怎么看暂不去说，这位气魄宏大而贪玩的天子自然感受到的是清平盛世气象。

隋代有个与元宵节相关的爱情故事。南陈后主之妹乐昌公主，才貌双全，嫁给太子舍人徐德言为妻。徐身为朝廷官员，熟知历史，参透现实，早看出南陈腐败没落，灭亡在即，便对乐昌公主说："以君之貌，亡国后必入权门之家，到那时倘若姻缘未绝，如何相见？"这夫妻二人，是否执手相看泪眼竟无语凝噎也未可知，只知道他们相约打破一面铜镜，各执一半，为日后重见的凭证。两人约定一旦亡国且夫妻离散，他日在正月十五卖镜于街市，以期寻访。不久，隋灭陈，乐昌公主落入越国公杨素之家，以其绝世才貌为杨素所宠爱。而徐德言却流离颠沛，千里寻妻到京城。这时乐昌公主也践履前约，于正月十五派人以卖镜为名寻夫于市。两个半镜在如此乱世竟能相遇，真乃奇迹。果真是破镜重圆啊！真令人如打碎五味瓶，别有一番滋味在心头。徐德言随即写下一首《破镜》，一字字一句句看似清浅平朴，实则深挚哀怨，字里行间弥漫着沧桑之感与期待之思：

> 镜去人俱去，镜归人未归。
>
> 无复嫦娥影，空留明月辉。

公主得诗后，连日涕泣不食。或是命运诡异的震撼，或是文学移情的魅力，或是爱情坚贞的感染，或是绅士风度的流露，杨素问清缘由，竟怆然改容，招来徐德言，让他们夫妻团圆。这就是著名的"破镜重圆"故事。

到了唐代，灯市盛况空前。唐郑处诲《明皇杂录》记载正月十五"时有方都匠毛顺巧思，结创绘彩为灯楼二十间，高一百五十尺，悬珠玉金银，微风一至，锵然成韵。其灯为龙凤虎豹之状"。元宵节前后几日松弛宵禁，放三夜花灯，称之"放夜"。唐代崔液诗《上元夜》：

> 玉漏铜壶且莫催，铁关金锁彻夜开。
>
> 谁家见月能闲坐，何处闻灯不看来？

是啊，欢乐时光往往就会突然加速度运行，不像痛苦寂寞时光突然凝冻不流的样儿，此际嫌夜短是相对论视域中的正常感受，更何况平常视为禁区的地方，今夜却铁关金锁彻夜开放。啊，难得今宵的自由，难忘今宵的狂欢与奔放，今宵无人入睡！如此圆满洁净的月亮，如此朦胧温柔的灯光，谁能闷坐家中固守无端的寂寞，而不去享受生命的欢乐与自由呢？看着那活跃的身姿，那洋溢着喜气的笑脸；听着那远远近近高高低低的笑语欢声，也会情不自禁地受到感染，得到自身生命快乐的印证。于是乎，从王公贵族到平民百姓，无不听从美的召唤，纷纷走出坊门，夜游观灯，享受节日的乐趣。据记载，街市上拥挤喧闹如洪流一般，以致车不能掉头，人难以转身，甚至有人被挤得悬空而前行数十步之远。

唐代元宵节是固定的节假日、狂欢日，上元前后各一日，即十四、十五、十六三日。宋代又增加了十七、十八两日，而且宋朝廷还规定：凡来观灯者赐酒一杯。原想古希腊城邦时代，公民观剧要领津贴的，令人企羡。而今读史至此，也觉宋人真是文人治国，懂生活懂艺术的了。在这种氛围下，无论官与民，都能深切感受到那弥漫在空气中带有狂欢意味的令人振作的艺术因子，而且在技术层面，火药在唐宋节庆娱乐中被制作成炮仗与烟火，大显身手。《武林旧事》记载："宫漏既深，始宣放烟火百余架，于是乐声四起，烛影纵横，而驾始还。"

宋徽宗这位艺术家天子，还嫌五日元宵太短，据《宋史礼志》载，政和五年（1115年）他下诏，从十二月二十九日就开始在景龙门"预为元夕"，即元宵节预演彩排，大放花灯，且愈演愈烈：宣和五年下令在都城从腊月初一放鳌山灯，直到次年正月十五日以前。宋王明清《挥尘后录》等载宋徽宗宣和七年十二月二十一日在睿谟殿"预赏元宵"。这已是铺张过分了，而南宋则更进一步。周密《乾淳岁时记》载，南宋时，从九月赏菊灯后就开始试灯。

宋代灯笼制作比唐代更为豪华。据《东京梦华录》记述，开封府从年前冬至绞缚山棚，立木正对宣德楼。到了元宵节，"游人已集御街，两廊下奇术异能，歌舞百戏，鳞鳞相切，乐声嘈杂十余里"。在棚上张灯结彩，叠成山林之状，称之为"灯山"。灯山点燃后，金碧相射，锦绣交辉。灯山彩绘神仙故事，美妙奇幻。皇宫内的灯山令人叹为观止，以彩带结成文殊菩萨跨狮子、普贤菩萨骑白象等，而那菩萨手臂竟能活动自如，手指出水五道。工匠们用辘轳绞水，送到灯山上的木制大水柜中，按时放水，水从佛像的手臂绕出，飞流直下，喷珠溅玉，状似瀑布，显然是我国最早的人工喷泉技术了。此外还有火龙灯，草把连绵巧缚成龙，蒙以青布，龙躯插灯烛数成双盏之多，点燃之后便是一条炫目的火龙。从灯山到定德门大街方圆一百多丈的范围用棘刺围绕起来，称棘盆，里面有数十丈的长竿，上结彩缯，用纸糊百戏人物，随风飘动，宛如神仙下凡。

相国寺大殿前设有乐棚，两廊有诗灯牌，即先在木牌上镂空成字，如"天碧银河欲下来，月华如水照楼台""火树银花台，星桥铁锁开"等，继以纱绢贴罩。点燃灯火后，字字句句光彩夺目。宣德楼还挂一丈直径的灯球，内树粗壮如椽的蜡烛，点燃后给人以震撼感，亦给人以梦幻感。

宣德楼下，用枋木垒成一座露台，彩结栏槛，禁卫军排列守卫，皇帝可在此观灯，百姓在台下观赏。有了这个格局，于是我们看到宋范镇《东斋录》记载宋仁宗正月十四日观灯时宣称"朕非游观，与民同乐耳"，觉得似乎有了依据和背景，并非虚弄的套话。像古希腊给所有的观剧者以津贴一样，宋仁宗对元宵节观灯者都予以赏赐。南宋曾慥《高斋漫录》记载，宋神宗熙宁年间上元夜，宣仁太后在御楼张灯，给张灯多者赏绢一匹，少者乳糖狮子两个。到了徽宗尤为大方。每年元宵夜，宋徽宗亲自上宣德楼观灯并赐酒，每个在楼下能仰窥圣颜者，都能获得御酒一杯。

据《大宋宣和遗事》中记载，当时一对夫妻同游观灯，在人流中走散。其妻到端门，适逢徽宗赐酒。她喝完御酒后，乘机藏匿一盏赐酒的金杯，被卫士发现，执送御前盘问。这位妇女急中生智，吟诵一首《鹧鸪天》词：

月满蓬壶灿烂灯，与郎携手到端门。贪看鹤阵笙歌举，不觉鸳鸯失却群。　天渐晓，感皇恩，传宣赐酒饮杯巡。归家恐被翁姑责，窃取金杯作照凭。

真是一个文风灿烂的时代，一个名不见经传的居家女子，在窘迫之中竟能信手拈来，出口成章，左右逢源，合辙押韵，既描述了元宵盛景，又委婉道出事件缘由，且巧妙地为自己贪杯之举做了理由最充分的辩解。失去丈夫保护的女性无端满身酒气，回家之后，可能会遭遇家人的惩罚。也许身为书画艺术家的宋徽宗正在兴头上；也许身为皇帝自知风化之论对一个女性的杀伤力；也许他着意浪漫，欣赏这位女子的急智与诗才；也许作为皇帝他深知这是特殊的官民同乐的文化空间，任何惩罚处治都会大煞风景，断送狂欢氛围，于是听罢女子申辩之词后以金杯赐之。

另一故事发生在宋神宗年间，元宵观灯，人山人海。礼部侍郎王韶的儿子王寀刚会说话，头戴珠帽，身穿锦衣，坐在家人肩上观灯。家人在潮水般的人流中只顾观灯，没料到王寀此刻被奸人抢走。王寀人虽小却有主意：周围人声鼎沸，喊了没人注意可能还会有性命之忧。他沉着冷静，没有吭声，只是迅速把头上绿珠帽揣进怀里。直到东华门附近，见到皇宫内的车马，他突然大呼，奸人吓得扔下孩子逃跑了。王寀随车进入皇宫，宋神宗一问，方知是王韶之子，见他灵敏可爱，便赐给他压惊钱。

帝王好细腰，宫中饿断肠；皇帝爱灯盏，天下重上元。一种奢华之风弥漫开来。宋徐度《却扫编》记载：宋哲宗元祐年间，蔡京以待制守永兴，恰值元宵节雨淋三日，无法出游观灯。十七日雨止，蔡京就令再张灯两夜。府吏禀告长安大府平常张灯用油都是预先准备的，今临时要灯油恐怕一时难以办到。府库有油，但依法不得擅自挪用。谁知蔡京位高权重，做起事来是兴趣大于规矩，听后立即命取库存油，放灯二夜。这一违法行为被人弹劾，上奏朝廷，结果竟是弹劾者多此一举，"师臣妄用油数千斤，何足加罪"。

宋晁说之《晁氏客语》载，蔡君谟任福州知州时，为点缀太平，在上元节令民间每家须点灯七盏。达官贵人自会欢悦异常，但温饱不济的平民百姓如何担当得起呢？大凡物不平则鸣，当时有人制作一大灯笼，径长丈余，并题一段诗：

> 富家一盏灯，太仓一粒粟。
>
> 贫家一盏灯，父子相对哭。
>
> 风流太守知不知？犹恨笙歌无妙曲。

知州见诗，回府立即罢灯。从某种角度看来，这应是在官本位时代难得的倾听民间声音从谏如流的好官员。时下著述征引此条多以为反面谈资，视蔡君谟为负面形象，其实细细品味，此官此事确有大可褒扬之处。

陆游《老学庵笔记》记一州官田登，在任时不许人提他的名讳。因"灯""登"同音，大家只好将灯称为"火"。到元宵节放灯时，衙吏只好写出告示："本州依例放火三日。"此事原只是姓名之忌夸张为闲笑谈闹而已，不料后来演化为"只许州官放火，不许百姓点灯"的成语，成为对封建社会官员话语霸权的抗议与嘲讽。只是现在谁还能忆及这一成语的原生态情景呢？

明代将元宵节放灯时间设限于初八到十八，已是相当节制和理性的了。《明会典》载，永乐七年（1412年）诏令元宵节自正月十一日起给百官赐假十日，以度佳节。文明的进步和智慧的叠加，使明代的灯会超越前人，愈见精彩。史料纷繁不胜枚举，今只以兰陵笑笑生的《金瓶梅词话》对元宵灯会的描述为例，以期窥一斑而知全豹。《金瓶梅词话》第十五回"佳人笑赏玩月楼；狎客帮嫖丽春院"以炉火纯青的文字描摹着当时的元宵灯火胜景，让人如步山阴道上，顿起美不胜收之感：

> 见那灯市中人烟凑集，十分热闹。当街搭数十座灯架，四下围列些诸门买卖。玩灯男女，花红柳绿，车马轰雷，鳌山耸汉，怎见好灯市？但见：山石穿双龙戏水，云霞映独鹤朝天。金莲灯、玉楼灯，见一片珠玑；荷花灯、芙蓉灯，散千围锦绣。绣球灯，皎皎洁洁；雪花灯，拂拂纷纷。秀才灯，揖让进止，存孔孟之遗风；媳妇灯，容德温柔，效孟姜之节操。和尚灯，月明与柳翠相连；通判灯，钟馗共小妹并坐。师婆灯，挥羽扇，假降邪神；刘海灯，背金蟾，戏吞至宝。骆驼灯、青狮灯，驮无价之奇珍，咆咆哮

哮；猿猴灯、白象灯，进连城之秘宝，顽顽要要。七手八脚螃蟹灯，倒戏清波；巨口大鬐鲇鱼灯，平吞绿藻。银娥斗彩，雪柳争辉。双双随绣带香球，缕缕拂华幡翠幰。……村里社鼓，队共喧阗；百戏货郎，庄齐斗巧。转灯儿一来一往，吊灯儿或仰或垂。琉璃瓶映美女奇花，云母障并瀛州阆苑……向西瞧，羊皮灯、掠彩灯，锦绣夺眼。……卦肆云集，相幕星罗：讲新春造化如何，定一世荣枯有准。……卖元宵的高堆果馅，粘梅花的齐插枯枝。剪春蛾，鬓边斜插闹东风；裤凉衩，头上飞金光耀日。围屏画石崇之锦帐，珠帘绣梅月之双清。虽然览不尽鳌山景，也应丰登快活年！

第四十二回《豪家拦门玩烟火；贵客高楼醉赏灯》写烟火情景，万花筒般变幻莫测，仙人洞样神奇美妙，摇人魂魄，令人心往神追：

都说西门大官府在此放烟火，谁人不来观看。果然扎得停当好烟火，但见：总一丈五高花桩，四围下山棚热闹。最高处一只仙鹤，口里衔一封丹书，乃是一支起火，起去苹山律一道寒光，直钻透斗牛边。然后正中一个西瓜炮迸开，四下里人物皆着，霹剥剥万个轰雷皆燎彻！彩莲舫，赛月明，一个赶一个，犹如金灯冲散碧天星；紫葡萄，万架千株，好似骊珠倒挂水晶帘箔。霸王鞭，到处响亮；地老鼠，窜绕人衣。琼盏玉台，端地旋转好看；金蛾银蝉，施逞巧妙难移。八仙捧寿，各显神通；七圣降妖，通身是火。黄烟儿、绿烟儿，氤氲笼罩万堆霞；紧吐莲、慢吐莲，灿烂争开十段锦。一丈菊与烟兰相对，火梨花共落地桃争春。楼台殿阁，倾刻不见巍峨之势；村坊社鼓，仿佛难闻欢闹之声。货郎担儿，上下光焰齐明；鲍老车儿，首尾迸得粉碎。五鬼闹判，焦头烂额见狰狞；十面埋伏，马到人驰无胜负。纵然费却万般心，只落得火灭烟消成灰烬！

看到这里，你不知是该佩服作家文字的精美，还是应赞叹明代艺术家制灯思维的灵动与超常，甚至会惊怪他们何以能巧夺天工呈示如此烟火盛景。你不知是羡慕当时的人们竟有如此眼福饱览天堂般的美景，还是感叹那渗透在字里行间的最繁华处最寂寞的心绪，更会因眼前美景消失于一瞬而感叹到头不过一场空，从而引发的存在虚无与价值虚无的哲意玄思。或许所有身临其境者没有那么多的敏感与联想，而是思想全然清空，是此时不知身何在，是灯火烟花引人逍遥游。

在那个整体封闭突然开放的有限时空，在那个充满艺术美感的广场狂欢氛围中，在那个男男女女摩肩接踵语声鼎沸的场合，是容易触发生命的高峰体验而滋生浪漫恋情的。因为这不是除夕和元日，不是在家庭和家族空间中运演；而是在月光下，在社区广场中，在烟花灯火之境，在灯影戏棚之侧，人人皆可呼朋引类，结识新交。四大传说的爱情故事是在这一类空间里发生的，节日狂欢也是在这个空间内运行的。如果说朱淑贞的词《生查子·元夕》写出了元宵夜泪溢衫袖的苦恋甚至是遥遥无望的悲剧：

> 去年元夜时，花市灯如昼。
>
> 月到柳梢头，人约黄昏后。
>
> 今年元夜时，月与灯依旧。
>
> 不见去年人，泪湿春衫袖。

那么辛弃疾的词《青玉案·元夕》则写尽元宵夜的美丽温馨与浪漫雅致，虽不无"踏破铁鞋无觅处"的焦灼与茫然，但最终却有着"得来全不费功夫"的惊喜和"柳暗花明又一村"的释然：

> 东风夜放花千树，更吹落，星如雨。宝马雕车香满路，凤箫声动，玉壶光转，一夜鱼龙舞。　　蛾儿雪柳黄金缕，笑语盈盈暗香去。众里寻他千百度，蓦然回首，那人却在，灯火阑珊处。

闹元宵，中国式的狂欢

在春节的系列节点中，更多的是庄严与崇高，唯元宵节被称为"闹"：张灯观灯赛灯叫"闹花灯"，社火面戏叫"闹社火"……一言以蔽之：正月十五闹元宵。不闹，还叫什么元宵节呢？闹，即是节日狂欢。除夕元日的核心是礼神、敬祖、敬老与团圆，在家庭依次展开，虽有放鞭炮之闹，但主要的氛围还是神圣、庄严与秩序。元宵节就不一样了，它一层层升级，展演在空旷的广场，大吃，大玩，逛灯会，自然会唤起生命的极致狂欢体验。值得注意的是，元宵节之闹是历史智慧的积淀，因为在古人的体验里一再提及"闹"字，如元好问诗《京都元夕》所写美服之超常消费，儿童之灯火嬉闹，更有老夫聊发少年狂之乐：

> 袨服华妆着处逢，六街灯火闹儿童。

> 长衫我亦何为者，也在游人笑语中。

不知元好问所写当年儿童灯火之闹，是否一直传承下来，像我们幼年时做的那样，从房间走向院落，走向巷道，走向左邻右舍小朋友的灯笼群中——元宵节出门打灯笼还无不小心翼翼生怕烧着了，谁知刚过了一天，到了正月十六就豪放起来，见了任意一个打灯的伙伴就碰将过去，将彼此的灯笼碰破，碰得都燃烧起来才肯罢休。大人们在侧欣赏着鼓励着，儿童们则大呼小叫，自在得意。这不就是闹吗？

清人劳大兴《瓯江逸志》："正月初旬以至灯市，十余日，昼夜游观，男女杂沓，况制龙灯，极其精工。大龙灯一条，所费不下数十金。锣鼓喧阗，举国若狂。"举国若狂，不就是闹的传神表达吗？男女杂沓，拥挤笑闹，本身也是生命力的一种释放与欢腾。稍稍向上追溯，唐寅的《元宵》诗恰恰写的就是元宵摩肩接踵男女杂沓的美感：

> 有灯无月不娱人，有月无灯不算春。
>
> 春到人间人似玉，灯烧月下月如银。
>
> 满街珠翠游村女，沸地笙歌赛社神。
>
> 不展芳尊开口笑，如何消得此良辰。

《清嘉录》也从更多的民俗场景中记载其狂欢之态，并直接命名其"闹元宵"：

> 元宵前后，比户以锣鼓铙钹，敲击成文，谓之闹元宵，有跑马、雨夹雪、七五三、跳财神、下西风诸名。或三五成群，各执一器，儿童绕以行，且行且击，满街鼎沸，俗呼走马锣鼓。

清人范来宗《锣鼓》更是强化了"闹"的热烈感受：

> 袅连爆竹近还遥，到处喧阗破寂寥。
>
> 听去有声兼有节，闹来元旦过元宵。

锣鼓之闹，敲击有声兼有节，无论是山西威风锣鼓、安塞腰鼓、洛川蹩鼓、兰州太平鼓、咸阳牛拉鼓和韩城行鼓等等，都是将生命的节奏感以腾跃之姿呈为声浪，让人感到山呼海啸般的震撼，让人感到雷声隆隆的激励。听那激昂起落的鼓槌，仿佛敲击在敏感的心灵深处。让每一个曾因母腹心脏跳动的声音与节奏而愉悦的生命，因锣鼓喧天而莫名地兴奋振作，因神秘的个人无意识沉浸且温馨。

唐代元宵节期间，兴起了拔河比赛。这又是以"闹"为意趣引发狂欢呼叫的娱乐形式。拔河原称"牵钩之戏"。《封氏见闻记》载唐正月望日，民间以四五丈长的大麻绳，两头分系小绳数百条，人分两队，"两钩齐挽，大组中立大旗为界，震鼓叫噪，使相牵引，以却者为输，名曰拔河"。

明代元宵节开始舞狮子。明末清初张岱《陶庵梦忆》就记录了当时灯节耍狮子放烟火的情景。清潘荣陛《帝京岁时纪胜》记载的是闹元宵中丰富多彩的百戏杂耍：

元宵杂戏，剪彩为灯，悬挂则走马盘香，莲花荷叶，龙凤鳖鱼，花篮盆景；手举则伞扇幡幢，关刀月斧，像生人物，击鼓摇铃。迎面而转者，太极镜光，飞轮八卦；系拽而行者，狮象羚羊，骡车轿辇。前推斡旋为橄榄，就地滚荡为绣球。博戏则骑竹马，扑蝴蝶，跳

白索，藏朦儿，舞龙灯，打花棍，翻筋斗，竖蜻蜓；闲

常之戏则脱泥钱，踢石球，鞭陀螺，放空钟，弹拐子，

滚核桃，打朵朵，踢毽子。

今天影响更大者有踩高跷、跑竹马、跑旱船、耍狮子、舞龙灯、扭秧歌、打腰鼓等等。那游演的社火芯子队列前往往有一两个小丑式的角儿，白脸红鼻子红嘴唇，或是大人扮作大头娃娃稚气可掬的样子，面向观赏者，不时插科打诨，时时逗起潮水一般的笑声。更有大戏小戏：大戏江河走势，如京剧、秦腔、豫剧、黄梅戏、越剧等等，源远流长，自成体系，自有流域；小戏如山花野草，遍地都是，近看清清爽爽，远看万紫千红。大戏闹排场，小戏闹气氛。这种闹到民间更演绎为狂欢。而北方甚至更广大的地区，元宵之夜在家门口、在院落、在广场，燃起火堆，人们跳跃而过，达到狂欢的极致，谓之燎花花。而有的地区则在除夕之夜，以狂欢的意态跃过年关，从内到外刷新自我形象，迎接全新的快乐而自由的境界。

据范成大《灯市行》诗："吴台今古繁华地，偏爱元宵灯影戏。"是说观灯中的走马灯呢还是灯影戏？记得20世纪80年代，陕西礼泉一个县区所登记的灯影戏班子就有八十多家。村舍平地而起的灯下演奏者，更如槐榆杨柳绿意盎然，笼罩着原野上的一个个村庄。那时的元宵节，我年年在关中西府凤翔街头，灯

光十里耀眼明，凤翔小曲班子十余家比并对唱，碰铃清脆，弦索悠扬，曲词雅致，唱腔柔美清爽如池塘春柳、窗外新月，甚至超过了以柔美著称的迷胡剧。那时人在一处，却浮想联翩，知道从眼前一直到天边，自乐班的场子也在元宵节不少角落响动起来，锣锣鼓鼓一齐敲，弦索响起来，嗓子亮起来，在那天地间一声吼唱中，让人们的根根筋筋得到抚慰而舒坦起来。今日平民百姓如此，遥想古代，那有更多条件享受悠闲时光的帝王将相才子佳人，也会更从容地分享这个节日。

灯谜：元宵灯节的绝配

有了灯，遂有灯谜。此风潮似起于宋。谜语源出于汉，成熟于魏晋。刘勰《文心雕龙》说："自魏代以来，颇非俳优，而君子嘲隐，化为谜语。谜也者，回互其辞，使昏迷也。"所谓昏迷，即是说谜语之美使人沉浸其中，迷醉其中，乐在其中，如孔子闻韶乐三月不知肉味，如今人常说余音绕梁，三日不绝。三秦大地有一剧种旋律优美惹人迷醉，便命名"迷胡"。如此命名的路径，与刘勰所说谜语相同。古今不隔，雅俗不隔，此之谓也。

到了宋仁宗时期，谜语和元宵张灯、赏灯结合，人们把谜语书笺贴在元宵灯笼上供人们猜射。《武林旧事》所谓："经绢灯剪写诗词及旧京诨语，戏弄行人。""戏弄"即指谜语含蓄幽默，引逗行人参与猜射。民国王文濡《春谜大观·序》："旧籍相传，宋仁宗时……上元佳节，金吾放夜，文人学士相与装点风雅，歌颂升平，拈诗成谜，悬灯以招猜者。"这种雅致而又撩人兴趣的娱乐形式很受闺阁女子的青睐，《红楼梦》多次写到大观园里姑娘们制谜猜谜，甚至身为宫妃的元春在元宵节时也制谜送回让姐妹们猜射。于是大观园里老老少少各显身手，精意创作，欢笑猜射之际，一种诗意的云雾笼罩其间，让当事者流连，让旁观者企羡，让后来者回味。灯谜不只烘托并点缀了元宵佳节的欢乐气氛，也为生活空间播撒了文化的馨香。

记得幼年元宵节时，红灯笼挂在大门前，圆圆的月亮高挂天空，全家相聚猜谜语。关中方言将谜语叫"扣扣"，猜谜语叫"剥扣扣"，仿佛是九连环一般，需要特殊的巧慧才可剥离开来。父亲平日忙于各种事情，这时也难得坐在一起说起谜语：

生在山上吃草，死在竹里藏身。

渴了石上喝水，说话万里知音。

我们或低头琢磨，或看父亲脸色想从那一撇的嘴角或闪动的眼神中探出谜底来。作为文具毛笔的谜面如此有韵味，我们当时欣赏却不深知，只觉得好玩，并为猜中而叫好。现在才猜测，也许识字不多却义务办学几十年的父亲，对谜语有着别样的感受。母亲笑道："我也说一个。你们都用过的。"谜语这样

简单而朴素:

> 一扭两扭，家家户户都有。

这说的是毛巾。母亲操持家务，一方毛巾显得格外亲近。哪一家每天不是用它扭来扭去擦手洗脸呢？大凡生活在场的人们，都会觉得周围的一切很有意思，这也往往构成了他们的精神世界。

后来，在串访左邻右舍甚至走向更大的空间时，我也知道了山南海北家家户户时不时都会有猜谜的活动。遂知晓远古传统的渗透性力量不可低估，谜语的特殊韵味亦不可轻看。浅层次看，集知识性、趣味性、娱乐性为一体，吸引人，凝聚人。从心理学角度说，就是给轮廓朦胧的事物准确命名的过程。如果说打灯笼还有远古火崇拜印痕的话，那么猜谜就是带有理性和进取的行为了。仓颉创造出文字有了命名的话语权，震惊得天雨粟，鬼夜哭。俄狄浦斯猜知了狮身人面兽的谜语之后，对方震惊而跳崖身亡，可见猜谜是一种把握环境的进取行为。

现在想来，许多年来，或因朋友相聚助兴，或应团队所请，在这元宵猜谜的氛围中陆陆续续创作过一些谜语，不少仍是有情趣的:

> 别看身材小，穿着大红袍。走路像个孙悟空，唯缺
>
> 一根金箍棒。（昆虫一）谜底：跳蚤

谁家墙头一棵草，你用镰割割不倒，一阵风来折断腰。（物象一）谜底：炊烟

四月秀穗夕阳中。（国名一）谜底：丹麦

冠军之歌（国名一）谜底：赞比亚

张骞坐骑（国名一）谜底：马来西亚

视力表（国名一）谜底：印度

敞车作轿车（国名一）谜底：加蓬

月涌大江流。（地名一）谜底：银川

连环画（城市一）谜底：图们

翻译光准确是不行的（国外城市一）谜底：雅加达

描红（国外城市一）谜底：墨尔本

正在水中央（国内城市一）谜底：秦皇岛

想想看，我们兄弟姐妹围绕父母身边剥扣扣（猜谜）的时候，只觉得好玩，哪想到它有益智功能，哪想到它是一种特殊的唤醒激情与乐趣的学习模式呢。后来当学生在灯谜会上猜射时，当教师在策划灯谜会时，才清醒地意识到，它的逗趣好玩，就在于呈现事物本体而不告知身份的悬念预设，是唤起人的求知兴味而索解破译的游戏。而且猜谜是浮想联翩的过程，是思考推究的过程，不是一盆水直接泼来似的满堂灌输，不是囫囵吞枣般死记硬背，而是藏起宝物逗你玩的许诺，是布起悬念诱你乐的故事，

是呈现神奇逼你悟的棒喝……无论是把握身边事物的多面特征，还是了解一个汉字的深层结构，循循然而善诱，不亦乐乎？猜射者在山重水复疑无路的探寻中，忽有柳暗花明又一村的发现的惊喜；或在脑海中百舸争流，然而过尽千帆都不是，在众里寻他千百度的焦虑无着中，蓦然回首那人却在灯火阑珊处……于是在好奇与快乐的期待中，发现了那令人豁然开朗的出口。

后来每逢元宵节，更多的人热衷并介入这一活动。我曾应邀参加2015年中华灯谜文化节华山国际谜会，看到现场人头攒动，惊异于选手们的激情，体会到猜谜从家庭漫向社会的趋向。灯谜虽从元宵节、从家庭起根发苗，但总会将枝叶延伸，拓开更博大的空间。

从社会意味来说，谜语的猜射是智慧的碰撞，是人群的凝聚。这是一种暗含着最大善意的自由超脱的智力竞技。在这里，无论老少，不分男女，搁置强弱，忽略贫富，消解权势，人人以智慧较量的形式平等相遇，和睦相处；人人都在全身心地沉浸在天地万物形神的琢磨与梳理之中；人人争强好胜的激情瞬间被逗引起来，自信满满仿佛清晨立于山巅，期待着只有自己迎来如日出般伟大的发现与感受；而这种力求优于他人的心理需求交集于一处，如同诸多河流汇聚一处，激起美丽的浪花，形成更为壮阔的水流滔滔流淌。天伦之乐的亲情团聚会因它而趣味横生，岁时年节的文化空间会因它而氛围浓郁。

从审美意味来说，谜语以其全然陌生化的立场来叙述与修辞，从而让每个人身边那些司空见惯的事物陡然变得新鲜起来，有趣有味起来。所谓新鲜感就是审美的感觉，就是对心理疲劳的扫荡，就是没来由地精神振作，就是突然发现周围的一切有了新意义的感觉。平淡无奇的一个物件或一种景象，结构简易的一个文字或含意清浅的一词一句……平素可能视而不见，甚至不屑一顾，而此刻却仿佛因神奇的手指触摸而焕然一新，闪闪发光，逗引起人们全身心的关注，如扫描仪一般全方位搜索，如恋人盼归一般望尽天涯。这是一种难得的审美境界，而我们在猜谜的活动中却不难感受到。

那么，猜谜，不就是在一切重新开始的新春之际，人们以语言娱乐的形式鼓励着向未知拓展的思维与意态吗？正因为如此，我们也就晓得了谜语源远流长至今盛行不衰的根基了。真的，它仿佛一杯清泉浸泡的龙井，仿佛一阕琴弦轻弹的乐曲，澄明辽远、空灵妙曼而余味悠长，值得我们平心静气，细细斟酌，慢慢品味。

说罢猜谜，再说吃元宵。元宵因其浑圆可爱又称"圆子"，上文所记传说出自西汉东方朔的故事，浪漫美妙，但史书不载。宋周必大《元宵浮圆子》诗："时节三吴重，圆匀万里同。"

《岁时广记》称之为"元子"，《乾淳岁时记》称之为"乳糖元子"，明《大明一统赋》称之为"糖元"。据说袁世凯登基之前多疑敏感，觉得元宵有"袁消"谐音于己不吉利。1916年北京通令全市卖元宵者更名"汤圆"，并书写于店铺之前。民国报人景定成有诗《洪宪杂咏》嘲讽道：

　　偏多忌讳触新朝，良夜金吾出禁条。

　　放火点灯都不管，街头莫唱卖元宵。

　　虽说元宵名分变化，但它作为元宵节代表性食品的身份却是雷打不动。元宵节的元宵，与端阳的粽子、中秋的月饼一样，都成为带有民族基因的一种文化仪式，无论居家食用或馈赠亲朋，都有祝福阖家团圆，新的一年吉祥如意之深层蕴含。做元宵、卖元宵从古到今都是街市一景，都是民俗世界的一个亮点。清人符曾《上元竹枝词六首》其三写的就是元宵制作与叫卖的一个历史场景细节：

　　桂花香馅裹胡桃，江米如珠井水淘。

　　见说马家滴粉好，试灯风里卖元宵。

　　这令人想起宋代姜白石诗句"风雨夜深人散尽，孤灯犹唤卖汤元"。比较而论，一个欣赏热闹，元宵精美，买卖欣然；一个关注冷清，深更孤灯照不见人影，叫卖的苍凉之声余音悠长，这些都是元宵夜人生境况的文字摄照与唱叹。《老北京的风俗》记载当地制作元宵的过程，好像制作工艺品一样，亦好像文艺演出一样，充满着情致与趣味：

　　北京的元宵都是先做馅（有山楂白糖、桂花白糖、枣泥、澄沙、奶油），把糖化好后，掺上果料，等着凝固成坨后，切成骰子形的方块，一颗颗放在大笸箩内的干糯米粉上，摇晃笸箩使馅粒滚来滚去而蘸上糯米粉，捞起蘸水，再下笸箩摇滚，馅粒便一层层地裹上了厚厚的糯米粉，成了元宵。店伙计们边摇边跳，俨然是在舞蹈，逛灯人不免要驻足围观，人越多，摇元宵的伙计们越起劲，甚至有的还即兴唱起了小曲。

　　生活的美好就在于化操作为表演，劳动的过程成为心情意绪抒泄与张扬的过程，成为引人关注与欣赏的过程，成为拓展生活的价值与意义的过程，于是记起了台湾民歌《卖汤圆》那活泼亲切的词语与旋律，也记起了一幅唱叹元宵的联语：

　　锅里乾坤大

　　水中日月浮

第九章

春节 没有国界的节日

白云是没有国界的，春天是没有国界的，春节也是这样。春节很早就走出国门，在异域他乡生根开花。在相当长的历史时期，东南亚的一些国家不只尊崇孔子，书写汉字，使用筷子，而且过起了春节。人们往往称其为汉文化圈。

春节走出了国门

　　春节发端于中国，却并不只属于中国。东亚一些国家也把这一天当作他们自己的盛大节日。从古代就走出国门的春节，在异域生根发芽，延续至今，在不少地方仍享受尊崇的殊荣，而且有着愈来愈大的规模和影响。

　　春节，越语叫作"Tet Nguyen Dan"，也就是"元旦节"，是越南农历正月初一。Tet源于中文"节"字，泛指一切节庆，但在这儿作为专有名词特指春节，就像我们一说圣人就专指孔子一样。古时在这一天，锣鼓喧闹，彩旗飘拂，传统的隆重自不必说，就是现在，也是法定假期三天呢。春节在越南同样是民间最大最热闹的传统节日，同样被视为辞旧迎新的日子。人们从农历十二月中旬开始备办年货，充满热情与期待，越逼近年节集市越热闹。节日期间也有祭灶、祭祖、贴春联、放爆竹等等仪式活动。只要你春节期间在越南，就会看到如此这般熟悉的节点与事象。如此熟稔、亲切而温馨，丝毫没有异域他乡的隔膜与异样。那城乡院落也随处悬贴着"福""囍"等春牌，那触景生情的吉祥词语也伴随着福、禄、寿三星形象，那亲切可爱的"胖娃娃""老鼠娶媳妇"等也是室内最佳配置的年画。

在马来西亚，春节的正式名称是"华人新年"。马来西亚是多民族国家，华人与马来人、印度人比并而立，是该国主要族群之一。春节是马来西亚的全国性假日。这一天，华人沉浸于年节的神圣与狂欢氛围中自不必说，就是此地的马来人、印度人，只要见面便知讨口彩，都会微笑着向华人朋友道一声"恭喜发财"。

泰国自古以来因与中国是近邻而颇多华人移民。华人带来中华文化，也带来了春节。论节日的影响和人们的重视程度，春节在泰国应该排在第二位，仅次于当地宗教意味浓厚的泼水节。在华人社区，到了春节，一切活动都会戛然而止，年节成为主宰者。倘是华人的公司、店铺，一般放假五天。而不能享受这一福利的华裔公务员，在此期间，那也是身在曹营心在汉，早就魂不守舍，腾云驾雾，七十二个跟斗翻到春节的氛围里去了。每逢过年，华人社区十分红火，大红的福字、喜字、对联、烟花爆竹以及近年来兴起的盘长纹饰中国结，一入腊月就挂满了店铺，各种各样的年货琳琅满目。进入正月，舞龙、耍狮年年都有，各种各样的庆祝活动络绎不绝，政界的、商界的大人物都来参加，各级的议员也不失时机地前来拉选票。"新年发财""新正如意""招财进宝"的条幅横幅满目皆是。那年味儿丝毫不逊国内。

　　春节原是日本最盛大的节日。节日期间，每家用松柏装饰房屋，除夕晚上全家人围着火炉守岁，午夜时寺院响起一百零八杵钟声，第二天互相拜年。但从明治维新开始，日本人就过起了公元纪年的元旦。现在日本年历从头到尾已全盘西化，寻觅不到农历与春节的蛛丝马迹。自然，失去了既定的文化平台，这个日子的意义世界就被封闭了。于是乎曾经辉煌的春节退隐远去，与其他日子一样，日出日落，三餐一眠，再普通不过了。当然，春节的一些习俗也就或隐或显地挪移到元旦去了，比如把从元旦到1月3日这三天叫作"正月"，似乎隐隐地有一种历史的记忆，还在门上拉上稻草绳，插上松枝，意思是"插上树木迎接神灵降临"，这也算是春节遗存吧。

节庆仪式在国外

祭灶

越南和中国一样，腊月二十三也是祭灶的日子。灶君上天言好事的时间是一样的，可见两地的灶君约好同上天宫作述职报告。也许是气候差别或者是距离迥异，回宫降吉祥时，越南的灶君却是行道迟迟，一直到正月初七才回来。这和传统的人日节俗有关系吗？不清楚。只知道届时，家家户户杯盘丰盛，似乎没有强调胶牙糖的幽默，而是水果鲜花，一派清新鲜艳。特别是为送灶君上天，要献上纸鹳、纸车、纸马，外加一套长袍礼服。据当地人说灶君是骑鲤鱼升天的，莫非是源自鲤鱼变成龙的神话和传说？祭灶这一天，越南全国放生鲤鱼无数，场面宏大，内蕴深远，倒也契合可持续发展观念。在每一家的供品中，都会有一条活鲤鱼，想来是送灶君上天后再放生，让它自由自在地浮游于柔波之间吧。在灶君回天庭期间，为避邪，越南人在家门口高高竖起迎春旗杆，顶上挂块黄布，像印尼巴厘岛用来驱魔的旗幡一样，像中国建房时在粗长的栋梁上贴有"姜太公在此，诸神退位"一样，但这种原生态的旗幡只有乡间才能见到，城里人早已改用漂亮惹眼精致的金橘树了。可以肯定的是，任何一种历史悠久的节庆活动在活态传承中，都可能融入多种文化因子，就像一条河流在沿途中不断融入众多支流一样。

祭祖

泰国春节特别重视祭祖。由于文化相近，宗教信仰相同，华泰两族之间通婚现象普遍，逐渐形成了你中有我、我中有你的局面。中国人过年，祭祖之外，送神迎神的较多；而泰国的华人聚焦于祭祖有其道理。几百年前，他们的祖先坐红头船，漂洋过海，熬过了千辛万苦，才来到这里，其中被风浪、疾病、穷困、劳累吞噬的生命不计其数。饮水思源，这是他们心中最动情的记忆，最圣洁的感情。

守岁

吃完年夜饭就该守岁了。越南人认为列祖列宗会在新年的午夜回家探望。因此年前一周左右越南人就会为先人扫墓，恭请他们返家团圆。除夕当晚，家家户户会焚烧檀香，再配上一盘洁白的水仙来迎接祖先。华人过年有除夕在家守岁的习俗，越南人则相反。除夕夜，人们便穿上节日盛装，不约而同涌上街头，年轻女子还穿上奥黛。零时，当电台播出国家领导人春节讲话时，节日气氛达到高潮。随后人们会去寺庙拜佛，并从庙里采一枝树枝回家。春天即将来临，在这新旧交替的临界时刻采一枝生命力旺盛的树枝意味深长。这个风俗叫"采绿"即"采禄"，意味着把吉祥如意带回家。

拜年

在越南人的心目中，新春第一位客人具有特别的意义，会带来好运。越南春节照例放几天假，也有到亲友家拜年的风俗。最早到家里拜年的客人特别受重视，越南人称之为"冲家"或"冲地"，其意义跟"冲喜"接近。因此一般人通常会约请自己最亲近最尊贵的朋友，作为新春第一位客人，事业有成、儿女成群的中年男子最受欢迎。为了保证吉祥如意，甚至有些谨慎持重的人会在子夜之交走出家门再进来，成为第一位"访客"，以防不速之客擅自登门酿成大错。

越南人把拜年叫作"出行"，根据风俗要请专业人士配生辰八字以决定出行的时刻。越南南部流行在新年耍独角兽。它类似中国的舞狮，由若干人装扮，大年初一一大早就挨家挨户拜门说吉祥话。这有点像陕北秧歌腰鼓沿门拜年一样。图个好口彩的商家住户早就封好了红包或者准备了彩物，不过想拿走的话需要显点本事出来：主人往往把彩物高高吊在门楣上，独角兽须得跃如人立，并在围观者的喝彩声中把彩物一口吞下。

放爆竹

在泰国，逢年过节或是赶上喜庆活动燃放烟花爆竹是最普遍的庆祝方式，而中国产烟花在当地非常出名。由于华裔众多，春节自是泰国人乐于同庆的重要节日，放花放炮就更是普遍了。不过泰国人非常注重燃放的礼节，不仅讲究爆竹的种类，遵守燃放时间和地点的规定，而且狂欢过后，泰国人还会主动清理掉自己留下的爆竹灰等垃圾。在泰国燃放烟花多于爆竹。由于曼谷的唐人街建筑密集，放鞭炮通常会阻塞交通，而烟花一点就升上天空，既好看又排场，更受泰国人的欢迎。燃放的时间和地点也有讲究。在时间上，泰国人通常只在节庆前后燃放，除了除夕当晚以外，其他日子在午夜之后不燃放，以免扰民；在地点上，泰国人通常在庆祝场地、大酒店指定的空地、唐人街以及贯穿曼谷市的湄南河各条游船上燃放，街道上和居民小区内通常不燃放，这么做也同样是为了避免扰民。

过去，越南人过年也放爆竹。根据当地的风俗习惯，新年听到的第一个声音很重要，它预示着新一年的运程：狗吠表示无往不利，牛叫表示辛苦操劳，猫头鹰叫则表示会有丧事。为了避免听到不祥的声音，同时也为了吓跑一切牛鬼蛇神，他们索性自己制造些大吉大利的生猛声响，比如敲锣打鼓或者大放爆竹。

岁餐

在朝鲜，春节吃年糕汤意味着又长了一岁，因而春节期间大人问孩子岁数时，往往不直接问几岁，而是问他"吃了几碗年糕汤"。如此的话语思维，自有着亲切、温馨和吉祥，说者风趣雅致，听者也舒畅滋润。新年期间，朝鲜人也吃团圆饭，以民族饮食为主，除了美酒佳肴外，还必须蒸煮甜饭，以预示家里人丁兴旺，日子过得像蜜一样甜。那甜饭类似八宝饭，糯米加上松子、栗子粉、枣泥和蜂蜜，色形味意俱全，真是美味啊！

越南人过春节最重要的传统食品莫过于年粽了。中国粽子是三角四棱形的，相对小巧。记得有描述粽子的谜语是："三角四棱方，珍珠抱红娘。想吃红娘肉，解带脱衣裳。"而越南年粽别致，有意趣。论形，南圆北方，且硕大豪放，一个年粽光馅就超过一斤：四两糯米，三两臀尖肉和三两绿豆沙，还不算包裹的香蕉叶和麻线。这么大的方年粽码在商店门口出售时，远远看去像一道绿色的砖墙，或者像一道修剪齐整的冬青树列。而提着一捆方年粽回家过年的越南人，看上去也像提着一摞板砖，神秘、神圣且实惠，真酷哇！在民间传说中，方形年粽象征大地：绿色表示万物生长，猪肉和豆沙则表示动植物繁茂。而南方年粽圆形，没有馅，象征神奇博大的上天。典型的天圆地方观念如此奇妙地凝定在南北方的年节食品上，享受之际，还能品尝出一种崇高甚至神圣的感觉来。另一道春节菜是把竹笋和猪肉泡入越式鱼酱里吃。这越式鱼酱，味道与臭豆腐、榴梿是同一个重量级的。想来人类对滋味的开掘，随着时代的发展而不断深入，香辣咸酸苦臭腥，各有其美，各臻其极，空间愈来愈大，各种味道也都有其标志性的食品。

而一般海外华人过年，一团聚，二祭祖，三玩乐。这和祖居地风俗一脉相承，但又有些变化。离乡背井的华人，在一个陌生的国度里讨生活相当不易，能有机会团聚，当然是弥足珍贵。过年期间离不开吃。年夜饭的重要，不仅仅在于它的丰盛，而在于它表现出来的亲情和氛围。华人过去过年大吃大喝，和祖邦一样，属于饮食狂欢的行为，这不是富裕，而恰恰是因为贫穷。随着经济地位的改善，越来越多的华人把过年的狂欢转向了休闲、旅游、度假等文化消费上。

异域春节新意趣

东南亚一些国家过春节，并不完全是汉文化年节的投影，而是在千百年的融合中，带上了自己民族的印痕，为春节增添了新的内容和意趣。

比如中国年节，一般是除夕迎祖先回家过年，初五才送走，叫作"破五"，而越南则早在大年初三就与祖先道别了，初四政府部门上班，初七迎回灶君，各家门前扮饰的旗幡或者金橘树到这一天才能收起来。它也意味着春节庆典告一段落，而不像中国一直到正月十五闹元宵后才算年节罢了。不过在越南北方仍是恋恋不舍，形形色色与新春有关的庆祝活动一直要持续到三月，直到夏季来临才肯罢休。

在朝鲜，初一黎明时分，人们把一些钞票塞进除夕预先扎好的稻草人中，扔到十字路口，表示送走邪恶，迎接吉祥福星。黄昏，人们又将全家人一年中脱落的头发烧掉，祝愿家人四季平安。民俗游戏是朝鲜春节的重要内容，如掷尤茨、跷跷板、抽陀螺、放风筝、滑冰车等等。掷尤茨是朝鲜族民俗游戏中最独特的一种，男女老少都能玩。掷尤茨是一种用四根木棍玩的游戏，把木棍高高抛起后，以落地时木棍的正、反以及是否相压等来计算成绩。游戏者分成两队，相互竞争，紧张热烈。跷跷板是女性的专利，一上一下，令人赏心悦目。抽陀螺、放风筝、滑冰车则是孩子们最喜爱的游戏。荡秋千时，只见那双臂收拢伸展，双腿曲直纵送，仿佛花仙子从天而降，转瞬间又飘向云端深处，笑声荡漾如春水的波纹，秋千飘动如花枝一般。少女们以一处树花为目标，先踢到或咬到者为胜；也有在高处挂上铜铃的，以先碰响者为冠军。

过年时，越南家家户户也要贴春联，这原也平常，有新意的是越南文字拼音化以后仍保持着这一传统。现在春联仍有用汉字书写的，但大多写成拼音文字了，而拼音联仍是方块汉字的模式，每个拼音字聚一个方形，倒也别致有趣。

越南的年节鲜花也是颇可称道的。当地有着无花不年的普世观念，每年春节各家各户都要摆设三样节日装饰品：一束鲜花，一盆金橘，一个盛有五种水果的盘子。这预示着新年吉利，欣欣向荣。花市是越南春节重要活动之一。新年花市上各种鲜花争奇斗艳，比如河内，春节前约十天，花市就开始热闹。在那里可以看到许多堆满桃花或者捆着多株金橘树的摩托车充当临时摊位。越南人在过年时很注重装点家居。在北方，桃花是春节期间不可或缺的摆设，再穷的人家也会买一束回来。中部和南部则偏好黄色的杏花。他们把这种新年用的杏花叫作"梅枝"。选黄色，是因为此色自古以来神圣到平民不可企及的地步，借花卉而捧持黄色，自是妙招儿；称梅枝，因梅花在汉文化圈中地位是很高的，这种称呼与仪式，能给人以圣洁的想象空间，美丽而崇高。

…………

此时思绪或许可以延伸开去，春节能否成为世界性的节日呢？如上所述，春节早就溢出国界了。历时性看，汉唐以来，汉文化圈的一些国家以春节为自己的节日；奔赴五洲四海谋生的华人也陆续"携带"春节融入异域。共时性看，海外华侨"每逢佳节倍思亲"，在春节期间都要隆重庆祝且与所在国民和谐互动。现在一些国家和地区陆续将春节列入法定节日之中。每逢中国春节，各国政要纷纷致辞向华人恭贺，世界各地的春节活动不断为国外媒体所追踪报道，可见，春节的国际影响一直在扩大之中。

问题在于，五湖四海的参与者与关注者，他们在多大程度上理解并接受了春节原生态的意蕴和魅力呢？春节意涵中对春天的期盼、对历史的敬畏、对生活的虔诚、对亲情的挚爱，能否顺畅传达？春节谱系中正月初七的"人日"，强调个体的人的尊严与人类整体的神圣，能否与其他文化找到契合点，从而作为春节在异域拓展的一个重要支点？如此看来，一个个环节，一个个场景，一个个节庆符号，都需要我们民俗工作者做好田野作业，在异域了解民情，在中西文化碰撞的氛围中重新解读，大胆重构，发现深层意蕴，寻求更为博大的共鸣。这样，才可达到《联合国宪章》序言所说的理想境界："力行容恕，彼此以善邻之道，和睦相处。"

春天是没有国界的，春节也应无国界。